La Economía Circular del Agua en América Latina

OCDE
MEJORES POLÍTICAS PARA UNA VIDA MEJOR

El presente trabajo se publica bajo la responsabilidad del Secretario General de la OCDE. Las opiniones expresadas y los argumentos utilizados en el mismo no reflejan necesariamente el punto de vista oficial de los Países miembros de la OCDE.

Este documento ha sido elaborado con el apoyo financiero del Banco Interamericano de Desarrollo (BID). Las opiniones expresadas en esta publicación no reflejan necesariamente las opiniones del Banco Interamericano de Desarrollo, su Consejo de Administración ni los países a los que representan.

Para el BID, las opiniones expresadas y los argumentos empleados en esta obra son exclusivamente de los autores y no reflejan necesariamente los puntos de vista oficiales del BID, su Directorio Ejecutivo, ni los países que representa.

Tanto este documento, así como cualquier dato y cualquier mapa que se incluya en él, se entenderán sin perjuicio respecto al estatus o la soberanía de cualquier territorio, a la delimitación de fronteras y límites internacionales, ni al nombre de cualquier territorio, ciudad o área.

Los datos estadísticos para Israel son suministrados por y bajo la responsabilidad de las autoridades israelíes competentes. El uso de estos datos por la OCDE es sin perjuicio del estatuto de los Altos del Golán, Jerusalén Este y los asentamientos israelíes en Cisjordania bajo los términos del derecho internacional.

Por favor, cite esta publicación de la siguiente manera:
OECD (2026), *La Economía Circular del Agua en América Latina*, OECD Publishing, Paris/IDB, Washington, D.C., https://doi.org/10.1787/07d63b10-es.

ISBN 978-92-64-78431-4 (impresa)
ISBN 978-92-64-84262-5 (PDF)
ISBN 978-92-64-37949-7 (HTML)

Publicado originalmente por la OCDE con el título: OECD (2025), *The Circular Water Economy in Latin America*, OECD Urban Studies, OECD Publishing, Paris, https://doi.org/10.1787/a0508572-en.
En caso de discrepancia entre la obra original y la traducción, solo se considerará válido el texto de la obra original.

Imágenes: Portada © Abstract Aerial Art/Getty Images Plus.

Las erratas de las publicaciones se encuentran en línea en: https://www.oecd.org/en/publications/support/corrigenda.html.

Prólogo

El hecho de abordar los crecientes desafíos de la escasez de agua, la contaminación y el cambio climático requiere acciones osadas y transformadoras tanto del sector público como del privado. A pesar de que América Latina tiene la mayor proporción de recursos hídricos renovables a nivel mundial, se enfrenta a una rápida urbanización y al cambio climático, lo que está ejerciendo una presión creciente sobre la infraestructura y los servicios hídricos existentes. Sin una acción urgente y coordinada, los riesgos de escasez de agua y la degradación de su calidad están destinados a aumentar, poniendo en peligro tanto la salud y seguridad de las comunidades como la viabilidad económica de las empresas que dependen de los recursos hídricos.

La economía circular del agua ofrece una solución prometedora a los desafíos mencionados. Al priorizar la reutilización del agua, el reciclaje y la recuperación de energía y materiales del tratamiento de aguas residuales, los modelos de economía circular del agua pueden reducir el consumo, minimizar los desechos y mejorar la resiliencia al cambio climático. Los avances tecnológicos y la digitalización están haciendo que estos modelos sean cada vez más viables, generando nuevas oportunidades para la innovación en la gestión del agua.

La buena nueva es que los gobiernos de América Latina están comenzando a reconocer la importancia de la transición hacia la economía circular del agua. Sin embargo, persisten barreras significativas para ampliar estos esfuerzos, incluyendo marcos regulatorios inadecuados, recursos financieros insuficientes y falta de conciencia entre los actores clave.

Este informe se basa en una encuesta de la OCDE/Banco Interamericano de Desarrollo (BID) sobre Agua y Economía Circular por lo que ofrece nuevas perspectivas sobre el estado de la economía circular del agua en América Latina. A la par propone una hoja de ruta con el objetivo de acelerar la transición en toda la región con acciones concretas para fortalecer los marcos de política, adaptar las herramientas de financiamiento e involucrar a los actores para dar forma a una economía circular del agua más sólida. Y también llama a priorizar un enfoque sistémico en la gestión del agua que integre los principios de la economía circular en diversos sectores, desde el agua y saneamiento hasta la agricultura y la energía.

Sin duda es necesaria una acción conjunta para cerrar el ciclo y desbloquear todo el potencial de la economía circular del agua. Estas páginas guiarán a los responsables de la formulación de políticas, operadores de agua y empresas mientras navegan hacia un futuro hídrico más sostenible, resiliente y equitativo para América Latina. Y más allá.

Agradecimientos

Este informe ha sido elaborado por el Centro de la OCDE para el Emprendimiento, las PYME, las Regiones y las Ciudades (CFE) dirigido por Lamia Kamal-Chaoui, directora, como parte del Programa de Trabajo y Presupuesto del Comité de Política de Desarrollo Regional (RDPC) de la OCDE. El informe forma parte del Programa de Gobernanza del Agua de la OCDE.

Este informe fue redactado por Oriana Romano, jefa de unidad, y María Ferrer, analista de políticas, de la Unidad de Gobernanza del Agua, Economía Azul y Circular bajo la supervisión de Aziza Akhmouch, jefa de la División de Ciudades, Políticas Urbanas y Desarrollo Sostenible del CFE. Maria Salvetti, economista senior en agua de la Escuela de Economía de Florencia, proporcionó insumos y contribuyó con versiones anteriores del informe. Georges Laimé, analista de políticas, y Doros Voulgaridis, pasante de la Unidad de Gobernanza del Agua, Economía Azul y Circular, realizaron el análisis de datos y la revisión de la literatura. El informe se benefició de los comentarios de Nadim Ahmad, subdirector del CFE, Anthony Cox, ex subdirector de la Dirección de Medio Ambiente y Soo-Jin Kim, subdirectora de la División de Ciudades, Políticas Urbanas y Desarrollo Sostenible del CFE.

Un cálido agradecimiento para todo el equipo del BID por su valiosa contribución y comentarios a lo largo del diálogo sobre políticas y el proceso de redacción, en particular a Sergio Campos, jefe de la División de Agua y Saneamiento, María Eugenia de la Peña, especialista líder en agua y saneamiento, y Tania Páez Rubio, especialista líder en agua y saneamiento.

También se agradece a los diez países que respondieron a la encuesta OCDE-BID realizada entre octubre de 2023 y febrero de 2024, y a los que proporcionaron comentarios sobre el proyecto de informe (véase la lista completa de encuestados en el Anexo A).

Los autores agradecen a Anthony Cox, asesor principal de políticas de Ecologic Economics y ex subdirector de la Dirección de Medio Ambiente (ENV) de la OCDE, su exhaustiva revisión del informe.

Los resultados preliminares se presentaron en el segundo Taller del Proceso Regional de las Américas del BID y en el Taller OCDE-BID "Economía circular del agua en países seleccionados de ALC", ambos en febrero de 2024. Los miembros de la Iniciativa de Gobernanza del Agua (WGI) de la OCDE revisaron el borrador del informe durante la 19.ª reunión (4-5 de marzo de 2024, Marrakech, Marruecos). Los miembros del WGI Belén Ramos Alcalde, responsable de asuntos internacionales de la Asociación Española de Abastecimiento de Agua y Saneamiento (AEAS), y Juan Antonio Guijarro, director de Relaciones Institucionales, Políticas Públicas y Desarrollo de Alianzas de Veolia Iberia Latam y miembro del Comité Ejecutivo de la Fundación Aquae, participaron en entrevistas *ad hoc* que ayudaron a mejorar las recomendaciones políticas.

Damos las gracias a Jack Waters, del CFE, por preparar el informe para su publicación.

Table of contents

FIGURAS

INFOGRAFÍA

TABLAS

RECUADROS

Abreviaturas y siglas

Acrónimo	Descripción
BMD	Bancos Multilateral de Desarrollo
CEPAL	Comisión Económica para América Latina y el Caribe
UE	Unión Europea
EUR	Euro
FAO	Organización de las Naciones Unidas para la Agricultura y la Alimentación
GEI	Gases de efecto invernadero
PIB	Producto Interno Bruto
BID	Banco Interamericano de Desarrollo
ALC	América Latina y el Caribe
ANC	Agua no contabilizada
O&M	Operación y mantenimiento
CBR	Contratos basados en resultados
ODS	Objetivos de Desarrollo Sostenible
ONU	Organización de las Naciones Unidas
EUA	Eficiencia en el uso del agua
OMS	Organización Mundial de la Salud
USD	Dólar estadounidense
RAP	Responsabilidad ampliada del productor
OCDE	Organización para la Cooperación y el Desarrollo Económico

Resumen ejecutivo

Principales hallazgos

La economía circular del agua tiene como objetivo reducir el consumo de agua y mejorar la eficiencia hídrica en los procesos de producción y consumo, reutilizar y reciclar el agua, y recuperar energía y materiales a partir del tratamiento de las aguas residuales. A nivel mundial, hay tres factores principales que impulsan la transición hacia soluciones circulares para el agua: *las megatendencias que afectan a la calidad, la cantidad y la resiliencia de las infraestructuras hídricas*, como el cambio climático, el crecimiento demográfico y la rápida urbanización, que aumentan la demanda de agua y ejercen presión sobre las infraestructuras existentes; *los avances tecnológicos y la digitalización*, que permiten que los modelos de negocio circulares del agua resulten más atractivos y viables para los operadores del sector; y *los costes socioeconómicos* del enfoque lineal predominante de "tomar, fabricar y desechar", incluidos los impactos en la salud y el bienestar económico de las comunidades y en la viabilidad de las empresas que dependen de los recursos hídricos.

La región latinoamericana se enfrenta a una compleja serie de retos en relación con los recursos y los servicios hídricos. En primer lugar, a pesar de contar con la mayor proporción de recursos hídricos renovables a nivel mundial, la región está muy expuesta a los efectos y los costes de los desastres relacionados con el agua, como inundaciones, sequías y tormentas. En segundo lugar, el acceso al agua potable y al saneamiento sigue siendo una preocupación acuciante. En 2020, una cuarta parte de la población de América Latina y el Caribe carecía de acceso a agua potable gestionada de forma segura, es decir, a una fuente de agua local fiable y libre de contaminación. Además, dos tercios de la población, especialmente en las zonas rurales, no tenían acceso a un saneamiento gestionado de forma segura, lo que requiere instalaciones sanitarias privadas que eliminen o traten los residuos de forma segura. En tercer lugar, el 54 % de las aguas residuales domésticas de la región no se tratan, en comparación con el 14 % en Europa y América del Norte y el 42 % a nivel mundial. Esta falta de tratamiento conlleva riesgos físicos relacionados con el agua de moderados a extremadamente altos, y las zonas rurales se ven afectadas de manera desproporcionada: mientras que el 40 % de las aguas residuales domésticas se tratan en las zonas urbanas, solo el 9 % se trata en las comunidades rurales.

Este informe se basa en la Encuesta sobre el agua y la economía circular de la OCDE y el Banco Interamericano de Desarrollo (BID) para arrojar luz sobre la economía circular del agua e identificar los principales retos de la transición en diez países de América Latina, a saber: Argentina, Brasil, Chile, Colombia, Costa Rica, Honduras, México, Paraguay, Perú y Uruguay. La encuesta muestra que 8 de cada 10 países consideran que la escasez de agua es el principal factor que impulsa la transición hacia la economía circular del agua. Además, 6 de cada 10 consideran que la economía circular del agua es una oportunidad para abordar la contaminación del agua, garantizar el acceso al agua y al saneamiento, y adaptarse al cambio climático.

La encuesta destaca que la mayoría de los países siguen predominantemente un modelo lineal para el abastecimiento de agua potable, el saneamiento y la gestión de los recursos hídricos. De los diez países encuestados, siete ya han implementado políticas generales de economía circular, mientras que México está desarrollando una en la actualidad. Es alentador que seis países —Brasil, Chile, Colombia, Costa Rica, Perú y Uruguay— incluyan explícitamente los recursos hídricos en sus políticas de economía circular. La encuesta muestra que, cuando el agua se integra en las políticas de economía circular, las medidas se refieren principalmente a la reducción del consumo de agua, la reutilización y el reciclaje y, en menor medida, a la recuperación de materiales y energía. Por ejemplo, la Hoja de ruta de economía circular de Brasil hace hincapié en la necesidad de optimizar el uso del agua mediante tecnologías de reciclaje de agua tanto en entornos rurales como urbanos. En Chile, la Hoja de Ruta de la Economía Circular incluye medidas específicas para los recursos hídricos, como la elaboración de una normativa para los sistemas de reutilización de aguas grises. Costa Rica incluye objetivos relacionados con el agua en su Estrategia Nacional de Economía Circular y en su Proyecto de Ley de Economía Circular, haciendo hincapié en la reducción del consumo y el tratamiento de las aguas residuales. Perú destaca el uso eficiente de los recursos hídricos a través de iniciativas como el Pacto de Economía Circular y la Hoja de Ruta Nacional de Economía Circular.

Hay tres tipos principales de obstáculos de gobernanza que dificultan la transición hacia economías circulares del agua. En primer lugar, los marcos normativos inadecuados y las incoherencias dentro de los ámbitos políticos y entre ellos se perfilan como obstáculos destacados en Argentina, Brasil, Costa Rica y México. La fragmentación institucional y la falta de coordinación entre los actores de las políticas de agua, residuos y energía dificultan la implementación de iniciativas coherentes de economía circular en Paraguay y Perú. En segundo lugar, la insuficiencia de recursos financieros dificulta el acceso a las tecnologías, la infraestructura y las capacidades necesarias para la reutilización de subproductos en Chile, Colombia y Uruguay. Por último, la falta de concienciación y educación entre las partes interesadas clave, incluidos los responsables políticos, los operadores y la sociedad civil, que constituye la principal barrera para Honduras, pone de relieve la necesidad de realizar esfuerzos específicos de divulgación y desarrollo de capacidades para promover prácticas de gestión circular del agua.

Principales recomendaciones

El informe presenta una hoja de ruta para la transición hacia la economía circular del agua en América Latina compuesta por 3 áreas clave de gobernanza y con 13 acciones concretas para fomentar una economía circular en el sector del agua en la región.

- ***Reforzar los marcos normativos y de política pública*** mediante: (1) actualizar y simplificar la normativa, especialmente en los ámbitos de la recuperación de materiales y energía, e incorporar explícitamente los principios de la economía circular en las políticas hídricas existentes para mejorar la gestión de las aguas residuales urbanas, la reutilización del agua y la gestión de los lodos de depuración; (2) integrar criterios de economía circular del agua en la contratación pública de subproductos, y centrarse en identificar y promover mercados para las aguas residuales tratadas, el biogás y los biosólidos; (3) fomentar la experimentación mediante la innovación normativa, como la regulación de *sandbox*, que permite excepciones temporales a las prácticas normativas actuales; y (4) adoptar un enfoque sistémico que integre los principios de la economía circular del agua en todos los sectores - incluidos el agua y el saneamiento, la agricultura, la energía, el desarrollo urbano y regional, y la industria- para garantizar una armonización coherente y eficaz de las políticas.
- ***Adaptar las herramientas financieras y económicas para promover modelos empresariales innovadores*** mediante: 5) evaluar y reducir las necesidades de inversión, dando prioridad a medidas rentables, como la reducción del agua no facturada (NRW), que pueden resultar más eficientes desde el punto de vista energético y más económicas que la construcción de nuevas

infraestructuras; (6) aplicar un enfoque basado en el ciclo de vida a las decisiones de inversión para reducir los costes operativos y de mantenimiento, al tiempo que se identifican las externalidades y se generan ingresos mediante la recuperación de biosólidos, nutrientes y energía; (7) diversificar las fuentes de financiación, incluyendo la participación del sector privado en marcos normativos transparentes para garantizar una financiación sostenible; (8) colaborar con los bancos regionales de desarrollo para subsanar las deficiencias en materia de infraestructuras y promover la innovación y la investigación; (9) destinar recursos financieros a la innovación en prácticas de economía circular; y (10) incentivar los materiales y la energía regenerados mediante mecanismos económicos como descuentos fiscales, impuestos medioambientales o tarifas diferenciadas.

- ***Involucrar a las partes interesadas y desarrollar capacidades*** a través de: (11) sensibilizar y fomentar la participación efectiva de las partes interesadas en las prácticas de gestión circular del agua mediante una comunicación transparente y la difusión de información precisa; (12) garantizar que los responsables de la toma de decisiones y los profesionales del sector del agua cuenten con las competencias necesarias para cambiar el paradigma; y (13) reforzar la transparencia y la rendición de cuentas de los sistemas circulares de agua y los datos relacionados mediante la cuantificación de indicadores clave como el NRW, el ahorro de agua gracias a técnicas de conservación, los volúmenes de aguas residuales tratadas reutilizadas, los lodos recuperados y reutilizados como fertilizantes, y el ahorro energético logrado mediante la recuperación durante el tratamiento.

Infografía 1. Visión general del informe de la OCDE sobre la economía circular del agua en América Latina

Fuente: elaboración propia

1 La economía circular del agua en América Latina

Este capítulo establece el marco para la economía circular del agua en América Latina mediante la revisión de los principales retos hídricos de la región, la identificación de los principales motivadores, las oportunidades para la aplicación de dicho enfoque y la descripción de las dimensiones clave de la economía circular del agua.

Introducción

En la actualidad se puede afirmar que todavía no hay una definición estándar de la economía circular del agua[1], por lo que se tomó la literatura existente para hacer una definición de la economía circular del agua a partir de tres dimensiones clave: reducir el uso del agua y aumentar la eficiencia hídrica, aumentar la reutilización y el reciclaje de aguas residuales tratadas, y recuperar energía y materiales del tratamiento de aguas residuales. Estas dimensiones se alinean con los tres objetivos clave del concepto más amplio de la economía circular (Fundación Ellen MacArthur, 2019[1]):

- Minimizar los desechos y la contaminación mediante el tratamiento de aguas residuales para producir agua limpia y la recuperación de energía durante el tratamiento, lo que reduce significativamente las emisiones de gases de efecto invernadero.
- Mantener los recursos en uso en la economía durante el mayor tiempo posible a través de la reutilización y el reciclaje del agua, reduciendo así el consumo general y la dependencia de fuentes de agua dulce.
- Regenerar la naturaleza al reducir la extracción de agua dulce, conservar los ecosistemas y garantizar la seguridad hídrica (Figura 1.1).

Sin duda, la economía circular del agua proporciona muchos beneficios económicos tanto a las empresas privadas como a la sociedad porque se reducen los costos operativos mediante la recuperación de energía y la eficiencia de los recursos, se minimizan los costos del agua al extender los ciclos de reutilización del agua, se garantizan los suministros adecuados de agua mientras se gestionan los impactos ambientales asociados con el ciclo de vida del agua y las cadenas de suministro, y finalmente porque se cuidan los recursos naturales para las futuras generaciones (OCDE, 2023[2]). Abordar la escasez de agua, las interrupciones en los servicios y la contaminación requiere acciones audaces y transformadoras tanto del sector público como del privado. El cambio climático, junto con la rápida urbanización y el crecimiento demográfico, están ejerciendo una presión creciente sobre la infraestructura y los servicios hídricos existentes. Sin una acción urgente y coordinada, los riesgos de escasez de agua y degradación de la calidad continuarán creciendo, comprometiendo tanto la salud de las comunidades como la viabilidad de las empresas que dependen de los recursos hídricos.

Después de proporcionar una visión detallada de los desafíos y riesgos hídricos en América Latina, a continuación se detallará cada una de las dimensiones mencionadas de la economía circular del agua con ejemplos relevantes en América Latina y en el mundo.

Figura 1.1. El marco de la Economía Circular del Agua

Fuente: Elaboración propia.

¿Por qué importa? Los retos del agua en América Latina

La región de América Latina[2] se enfrenta a una compleja serie de retos en relación con los recursos y servicios hídricos (Figura 1.2). En primer lugar, a pesar de poseer la mayor proporción de recursos hídricos naturales renovables a nivel mundial, la región se encuentra entre las más vulnerables a los riesgos hídricos, principalmente debido a los efectos del cambio climático. Alrededor del 75 % de los desastres naturales están relacionados con el clima y el agua, incluyendo inundaciones, sequías y tormentas, que generan enormes costes económicos (UNDRR, 2023[3]). En segundo lugar, el acceso al agua potable y al saneamiento sigue siendo una preocupación acuciante. En 2020, una cuarta parte de la población de la región de América Latina y el Caribe (ALC) no tenía acceso a agua potable gestionada de forma segura, y dos tercios no tenían acceso a un saneamiento gestionado de forma segura, especialmente en las zonas rurales (WHO/UNICEF, 2022[4]). En tercer lugar, en 2022, el 54 % del flujo de aguas residuales domésticas en la región de ALC no se trata, en comparación con el 14 % en Europa y América del Norte y el 42 % a nivel mundial (UN, 2024[5]). Esta falta de tratamiento conlleva un riesgo físico relacionado con el agua de nivel medio o extremadamente alto, que afecta de manera desproporcionada a las zonas rurales: mientras que el 40 % de las aguas residuales domésticas se tratan en las zonas urbanas, solo el 9 % se trata en las comunidades rurales (WHO/UNICEF, 2022[4]).

Figura 1.2. Principales riesgos y tendencias del agua en América Latina

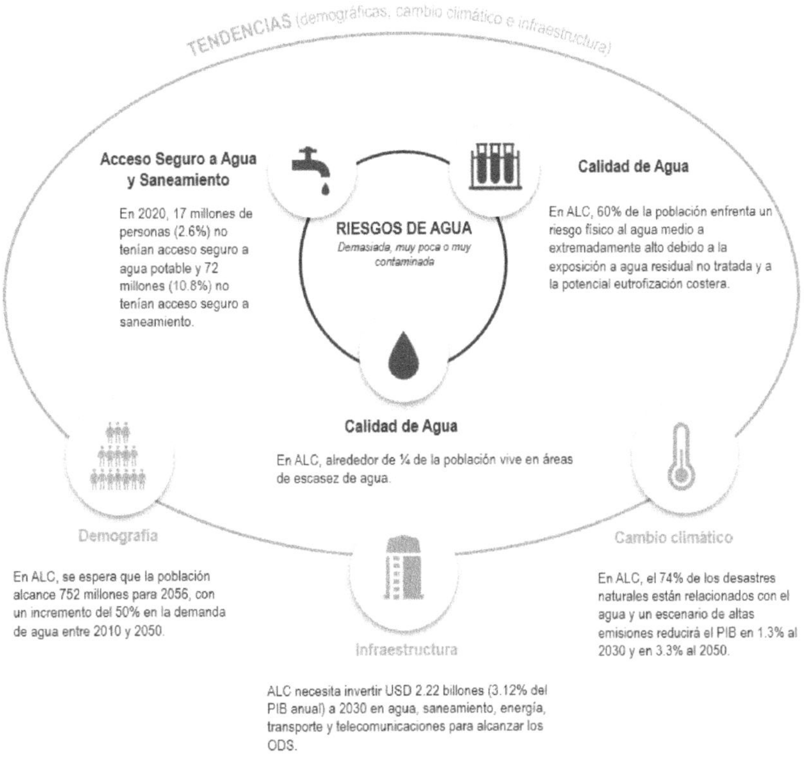

Fuente: elaboración propia.

Los países de América Latina son especialmente vulnerables a los efectos del cambio climático y sufren catástrofes recurrentes que generan pérdidas económicas. Con el 35.1% de los recursos hídricos renovables del planeta, ALC es la región más rica en agua del mundo, pero también una de las más afectadas por el cambio climático (OCDE et al., 2022[6]). Según las proyecciones, un escenario de calentamiento global de 2.5°C podría costar a la región entre el 1.5% y el 5% de su PIB en 2050 (Bárcena,

2015[7]). El 74% de los desastres naturales en la región de ALC están relacionados con el agua. Entre 2000 y 2022, las inundaciones fueron la catástrofe más frecuente (44%), afectando especialmente a Colombia, Brasil y Perú, y provocando daños totales por un valor de más de 1000 millones de USD en 12 ocasiones, mientras que las sequías han afectado a más de 53 millones de personas en la región (UNDRR, 2023[8]; EM-DAT, (n.d.)[9]), y han ocasionado pérdidas por un valor de 13000 millones de USD debido al descenso en la producción agrícola entre 2008 y 2018 (FAO, n.d.[10]). Una cuarta parte de la población (150 millones de personas) vive en zonas con escasez de agua (Banco Mundial, 2022[11]). Se prevé que la disponibilidad de agua dulce por persona en América Central se desplome al menos un 82% para 2100 en comparación con los niveles de 2005, con una disminución prevista del 11% en el total de precipitaciones para 2050 (CEPAL, 2010[12]), lo que plantea serias preocupaciones sobre la seguridad hídrica y alimentaria (IPCC, 2022[13]).

Otro de los grandes retos para ALC es la cobertura universal de agua potable y saneamiento. Para 2020, aproximadamente 164 millones de personas más habrán obtenido acceso a servicios básicos de agua potable (con 144 millones en zonas urbanas y 20 millones en zonas rurales) en comparación con el año 2000, y aproximadamente 195 millones a servicios básicos de saneamiento (con 167 millones en zonas urbanas y 29 millones en zonas rurales) (IPCC, 2022[13]). Sin embargo, a pesar de los avances, una cuarta parte de la población de ALC (17 millones de personas) carece de servicios básicos de agua potable, y dos tercios (72 millones) de servicios básicos de saneamiento (WHO/UNICEF, 2022[4]). En los entornos urbanos, el 19% de la población carece de acceso a agua potable gestionada de manera segura y el 40% a servicios de saneamiento gestionados de manera segura, mientras que en las zonas rurales, casi la mitad de la población (47%) carece de acceso a agua potable gestionada de manera segura. En las zonas rurales de países como Perú, hasta el 15% de la población sigue careciendo de acceso a servicios básicos de agua potable, y más de un tercio de la población sigue careciendo de acceso a servicios básicos de saneamiento (Figura 1.3 y Figura 1.4).

Figura 1.3. Cobertura de los servicios de agua potable en zonas urbanas y rurales

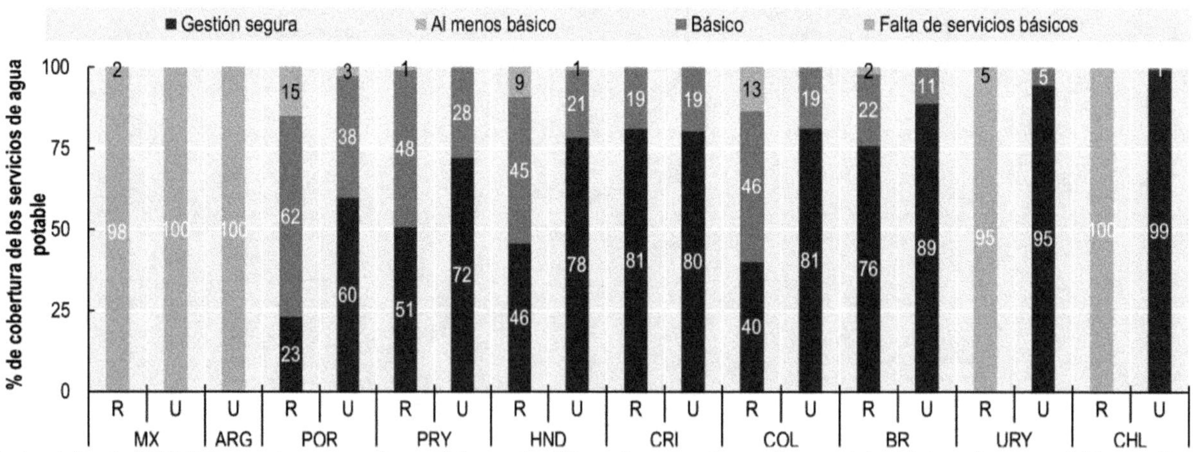

Nota: los datos de 2022 distinguen las zonas urbanas (U) y rurales (R) en el acceso al agua. Los servicios básicos de agua potable se refieren al agua procedente de fuentes mejoradas accesible en 30 minutos de ida y vuelta. Las fuentes mejoradas incluyen el agua corriente, los pozos, los pozos protegidos y el agua envasada o suministrada. "Al menos básico" incluye tanto los servicios de agua básicos como los gestionados de manera segura.

Fuente: elaboración propia a partir de datos de OMS/UNICEF (2024), Joint Monitoring Programme (JMP) for Water Supply, Sanitation and Hygiene, https://washdata.org/data/household#!.

Figura 1.4. Cobertura de los servicios de saneamiento en zonas urbanas y rurales

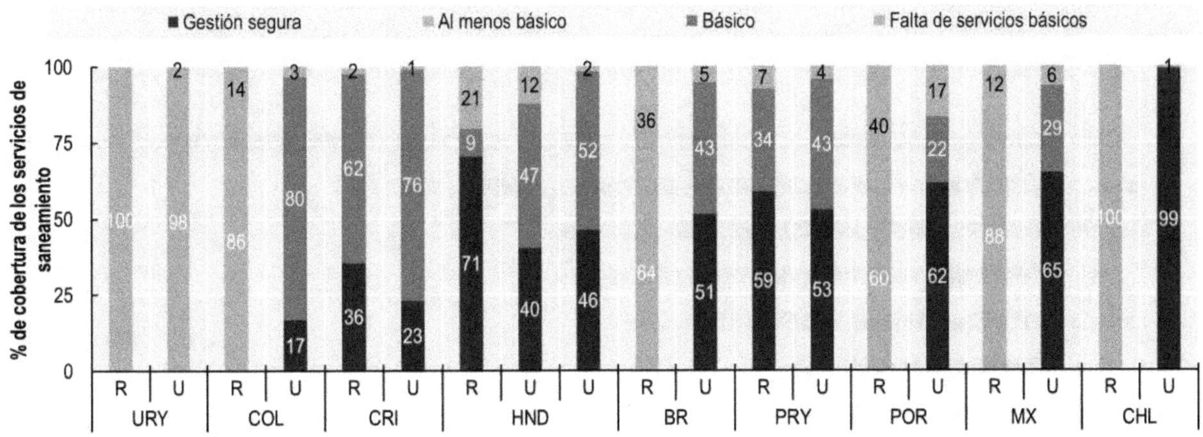

Nota: los datos de 2022 distinguen las zonas urbanas (U) y rurales (R) en el acceso al agua. "Al menos básico" indica el porcentaje de personas que utilizan instalaciones de saneamiento mejoradas que no se comparten con otros hogares. Las instalaciones de saneamiento mejoradas incluyen sistemas de alcantarillado por tuberías, fosas sépticas o letrinas de pozo, letrinas de pozo mejoradas ventiladas, inodoros compuestos o letrinas de pozo con losas.

Fuente: elaboración propia a partir de datos de OMS/UNICEF (2024), Joint Monitoring Programme (JMP) for Water Supply, Sanitation and Hygiene, https://washdata.org/data/household#!.

Es un hecho que la infraestructura existente no garantiza la cobertura universal de agua potable y saneamiento, mientras que el crecimiento de la población y la urbanización agravan las presiones sobre la demanda y el suministro de agua. Entre 1990 y 2018, un total del 7.2% de la inversión total en ALC se destinó a servicios esenciales incluyendo electricidad, gas y agua (CEPAL, 2022[14]; OCDE et al., 2023[15]). Para 2021, la inversión media en infraestructuras hídricas representaba el 0.26% del PIB (Infralatam, 2021[16]), una de las más bajas a nivel mundial. Las estimaciones indican que América Latina y el Caribe deben invertir 255 970 millones de dólares en infraestructuras para alcanzar el ODS 6[3] de aquí a 2030, lo que equivale al 0,5 % del PIB regional anual (BID, 2021[17]). De esta cantidad, se necesitan 183 800 millones de dólares para subsanar las deficiencias existentes, mientras que se requieren 72 200 millones de dólares para satisfacer la demanda futura de agua. Además, subsanar el déficit en el tratamiento de aguas residuales requerirá 16 850 millones de dólares adicionales, lo que representa un aumento del 7 % en las necesidades totales de inversión (BID, 2021[17]). Se espera que la demanda de agua en América del Sur aumente hasta un 50% en 2050 en comparación con 2010 debido al crecimiento de la población y de los ingresos, alcanzando así el 5% de la demanda mundial para esa fecha (actualmente es del 4%) (Burek et al., 2016[18]).

Las aguas residuales sin tratar suponen un riesgo considerable tanto para la calidad del agua como para la del aire, y la mayor parte de la población de América Latina y el Caribe se enfrenta a niveles de riesgo físico relacionados con el agua que van de medios a extremadamente altos. En la región de ALC, aproximadamente el 60% de la población enfrenta un riesgo físico del agua de medio a extremadamente alto debido a las aguas residuales no tratadas y al potencial de eutrofización costera (BID, 2022[19]). Alrededor de dos tercios de las aguas residuales siguen sin tratarse en esta región (BID, 2022[19]). Entre los países seleccionados sólo México y Chile tratan con seguridad más del 60% de las aguas residuales domésticas. Perú, Brasil y Argentina tratan con seguridad entre el 35% y el 60%, mientras que Costa Rica, Paraguay y Colombia lo hacen entre el 15% y el 30%. Actualmente Honduras y Uruguay carecen de sistemas de seguimiento de este indicador (Figura 1.5). Resulta importante señalar que los sistemas de aguas residuales también son responsables de generar emisiones de gases de efecto invernadero (GEI) directamente a través de la descomposición de las excretas liberadas al medio ambiente durante los procesos de tratamiento, e indirectamente a través de la energía necesaria para las etapas de tratamiento (Recuadro 1.1).

Figura 1.5. Porcentaje de flujos de aguas residuales domésticas tratadas de manera segura

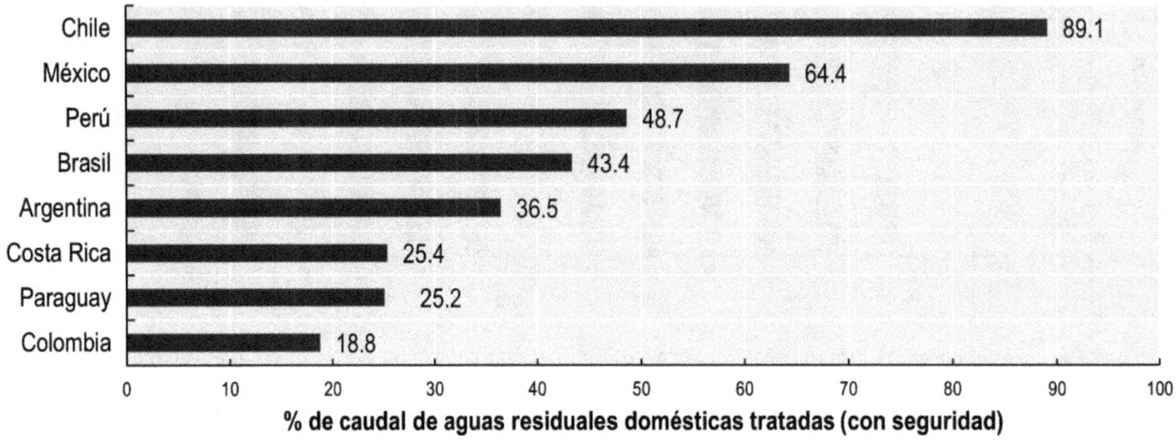

Nota: datos de 2022. No hay información disponible para Honduras y Uruguay.
Fuente: elaboración propia a partir de datos de la ONU (2024), Progress on Wastewater Treatment (SDG target 6.3).

Recuadro 1.1 Emisiones de gases de efecto invernadero del sector del agua y el saneamiento

A escala mundial, el uso, almacenamiento y distribución del agua son responsables de aproximadamente el 10% de las emisiones de GEI. La degradación de la materia orgánica durante el tratamiento de las aguas residuales contribuye al 1.7% de dichas emisiones mundiales y al 5% de GEI distintos del dióxido de carbono y se prevé que todas estas aumenten. Por ejemplo, se pronostica que las emisiones de GEI modeladas específicamente para el área metropolitana de Santiago de Chile representen aproximadamente el 50% de las emisiones nacionales en 2027 debido al aumento de la producción y el tratamiento de aguas residuales y lodos. Para avanzar hacia las metas 6.2 (Saneamiento e higiene) y 6.3 (Progresos en el tratamiento de aguas residuales) de los ODS, existe la posibilidad de reducir las emisiones de los sistemas de saneamiento y aguas residuales aprovechando la energía y los nutrientes que se encuentran en los residuos. Este enfoque reduce las emisiones indirectas mediante la generación de energía renovable y la disminución del uso de fertilizantes fósiles, disminuyendo la contaminación ambiental y mejorando la seguridad alimentaria y energética.

Fuente: CDP (2020), Una ola de cambio: El papel de las empresas en la construcción de un mundo con seguridad hídrica, https://www.cdp.net/en/research/global-reports/global-water-report-2020; Lu, L. et al. (2018), Wastewater treatment for carbon capture and utilization, Nature Sustainability, https://doi.org/10.1038/s41893-018-0187-9.

Volvamos a un par de datos más obtenidos en la encuesta. La escasez de agua y las limitaciones de recursos son identificados como motores relevantes para pasar de una economía del agua lineal a una circular por el 80% de los países encuestados, seguidos por las preocupaciones medioambientales y la mitigación de riesgos (60%) (Figura 1.6). Argentina, Brasil, Honduras, México y Uruguay consideran la escasez de agua y las limitaciones de recursos como los principales impulsores, mientras que las preocupaciones medioambientales ocupan el primer lugar en Colombia, Costa Rica y Paraguay, y la mitigación de riesgos y las presiones normativas son, respectivamente, las más destacadas en Perú y

Chile. Abordar la contaminación del agua, garantizar el acceso al agua y al saneamiento y adaptarse al cambio climático son las principales oportunidades identificadas por el 60% de los países encuestados (Figura 1.7).

Figura 1.6. Factores impulsores de la economía circular del agua en los países latinoamericanos encuestados

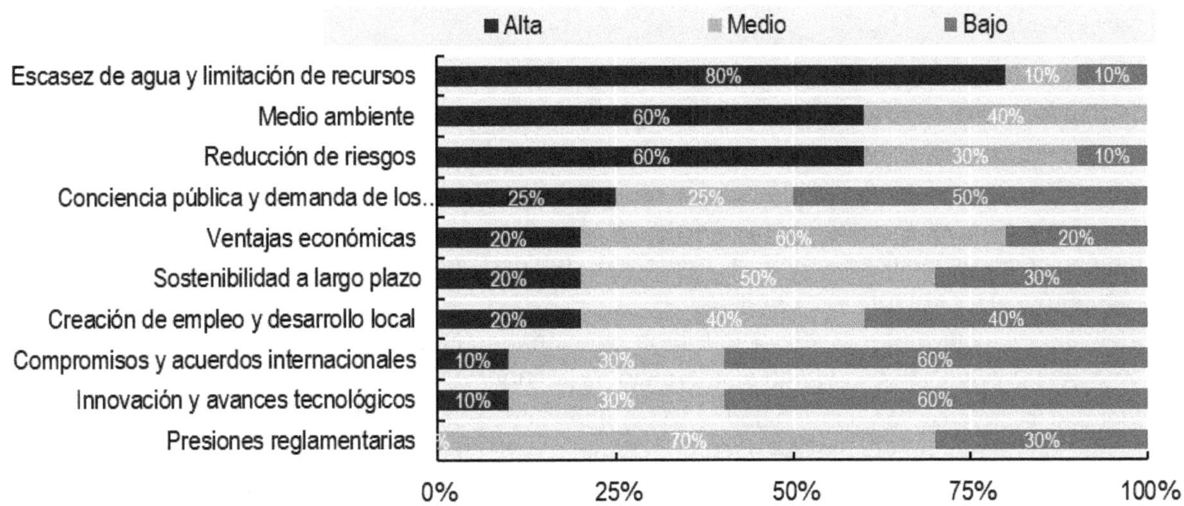

Nota: los países encuestados clasificaron cada uno de los motores en una escala del 1 al 10, siendo 10 la puntuación más alta. La categoría de puntuación alta corresponde a una puntuación entre 8-10, seguida de la categoría de puntuación media (4-7) y la categoría de puntuación baja (1-3).
Fuente: OCDE/BID (2023), Encuesta OCDE/BID sobre Agua y Economía Circular en Países Seleccionados de América Latina y el Caribe.

Figura 1.7. Oportunidades para la economía circular del agua en los países latinoamericanos encuestados

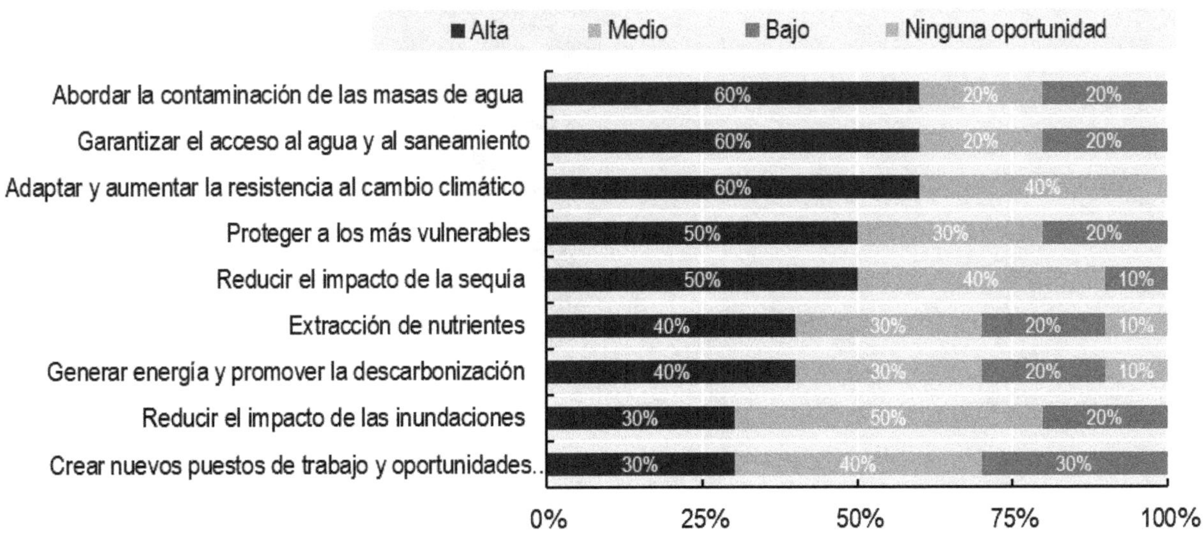

Nota: los países encuestados clasificaron las oportunidades en "Gran oportunidad", "Oportunidad media", "Oportunidad baja" y "Ausencia de oportunidad".
Fuente: OCDE/BID (2023), Encuesta OCDE/BID sobre Agua y Economía Circular en Países Seleccionados de América Latina y el Caribe.

Recuadro 1.2 Estudio OCDE/BID sobre el agua y la economía circular

La Encuesta OCDE/BID sobre Agua y Economía Circular en América Latina, realizada entre octubre de 2023 y febrero de 2024, se dirigió a 10 países seleccionados de América Latina: Argentina, Brasil, Chile, Colombia, Costa Rica, Honduras, México, Paraguay, Perú y Uruguay. La encuesta se estructuró en torno a 5 secciones:

1. Identificar los principales impulsores de la economía circular del agua en América Latina.
2. Determinar las funciones y responsabilidades relacionadas con la economía circular del agua en todos los niveles de gobierno.
3. Identificar las principales legislaciones, normativas y políticas en materia de agua y saneamiento y economía circular, y cómo abordan sistemáticamente la economía circular del agua centrándose en dimensiones específicas como la reducción del uso del agua, la reutilización, el reciclaje y la recuperación de energía y materiales.
4. Identificar iniciativas en el sector del agua relacionadas con la economía circular y aclarar aspectos como la participación de las partes interesadas, la financiación y las medidas de datos y evaluación.
5. Identificar los retos, las oportunidades y las dimensiones de gobernanza prioritarias necesarias para la transición de una economía lineal a una economía circular del agua.

Figura 1.8. Cobertura geográfica de la encuesta

Fuente: elaboración propia.

La economía circular del agua en detalle

El concepto de economía circular del agua se centra en tres dimensiones clave: a) reducir el consumo de agua y aumentar la eficiencia hídrica, b) promover la reutilización del agua y el reciclaje de las aguas residuales tratadas, y c) recuperar energía y materiales del tratamiento de las aguas residuales. Estos conceptos concuerdan con los objetivos más amplios de la economía circular, que consisten en minimizar los residuos y la contaminación, mantener los recursos en uso el mayor tiempo posible y regenerar la naturaleza. A continuación se describen estas dimensiones con más detalle.

Reducir el consumo de agua es el primer paso hacia una economía circular del agua. Esto se puede lograr mediante la implantación de tecnologías avanzadas de ahorro de agua en los sectores municipal, agrícola e industrial para aumentar la eficiencia en el uso del agua, reduciendo el agua no facturada (NRW) a través del mantenimiento y la mejora de las infraestructuras, y sensibilizando sobre la importancia de la conservación del agua. Los sistemas de recogida de agua de lluvia, por ejemplo, pueden capturar y almacenar agua de lluvia para usos no potables, como jardinería, limpieza o descarga de inodoros, reduciendo así la dependencia de los suministros de agua dulce. Como resultado, el consumo de agua puede reducirse significativamente en el origen, sentando las bases para un ciclo sostenible.

Cuando se utiliza agua, los esfuerzos deben centrarse en su reutilización. En algunos casos, el agua puede reutilizarse sin necesidad de tratamiento, aprovechando al máximo su calidad residual. En entornos urbanos, las aguas grises procedentes de fregaderos o duchas pueden reutilizarse directamente para regar jardines o para la descarga de inodoros. En la agricultura, el agua utilizada para lavar frutas y verduras puede desviarse para el riego de cultivos o para el abrevado del ganado. Los procesos industriales pueden utilizar el agua de refrigeración para lavar equipos o para la supresión de polvo.

Cuando la reutilización directa no sea viable, las aguas residuales deben tratarse y reciclarse. Si se tratan según las normas pertinentes, la calidad de las aguas residuales puede recuperarse hasta un nivel que permita su reinyección en la red de distribución. Esto reduce de manera efectiva o, en algunos casos, sustituye la necesidad de extraer agua dulce. Para su reutilización con calidad de agua potable, los procesos de tratamiento avanzados, como la microfiltración, la ósmosis inversa y la desinfección UV con oxidación avanzada, pueden purificar las aguas residuales para que cumplan las normas de agua potable, lo que permite suministrarlas directamente a los consumidores o reintroducirlas en embalses naturales o acuíferos para su uso posterior. Para fines no potables, las aguas residuales tratadas pueden utilizarse para el riego agrícola, la refrigeración industrial o el paisajismo, lo que permite conservar de manera significativa los recursos de agua dulce. Además, las aguas residuales tratadas pueden reponer humedales, ríos y sistemas de aguas subterráneas.

Como resultado del proceso de tratamiento de aguas residuales, además del agua tratada se obtienen lodos. Los lodos residuales contienen materiales de gran valor, como fósforo, nitrógeno y azufre, que pueden reciclarse, lo que reduce la demanda de recursos vírgenes (Solon, 2019[20]). Los biosólidos (lodos tratados hasta alcanzar niveles que permiten su uso beneficioso) pueden utilizarse para recuperar tierras degradadas y como abono en la agricultura (AIE, 2015[21]), lo que ayuda a mitigar la contaminación del agua, al tiempo que reduce los costes para los agricultores (Banco Mundial, 2019[22]). El uso de biosólidos en lugar de su eliminación en vertederos también reduce o elimina los costes de transporte y vertido para las empresas de suministro de agua, al tiempo que reduce las emisiones de GEI (Programa Mundial de Evaluación de los Recursos Hídricos de las Naciones Unidas, 2017[23]; Waternet, 2017[24]; Foro Económico Mundial, 2020[25]). La biomasa restante puede incinerarse para producir cenizas de lodos de depuradora que, cuando se utilizan como fertilizante agrícola, producen resultados de rendimiento comparables a los de los fertilizantes fosfatados convencionales (Franz, 2008[26]). Las cenizas de lodos de depuradora pueden emplearse en la industria de la construcción como árido sustitutivo para su uso en hormigón y mortero para fabricar ladrillos o baldosas, o incorporarse como materia prima para el cemento (Smol, 2015[27]). Se están llevando a cabo proyectos piloto para recuperar celulosa de las aguas residuales (EurEau, 2021[28]).

Además, las aguas residuales contienen energía que puede captarse de diversas formas, como energía térmica, química e hidráulica. La energía térmica consiste en capturar calor, que se utiliza para la calefacción y la refrigeración urbanas, para alimentar invernaderos agrícolas y para secar lodos. La energía química se almacena en los compuestos orgánicos presentes en las aguas residuales y consiste en convertir dichos compuestos en combustibles aprovechables. La energía hidráulica se centra en aprovechar el movimiento del agua dulce o de las aguas residuales para la generación de energía.

Cada tipo de energía tiene métodos específicos de recuperación y aplicaciones únicas. Las estimaciones de la energía recuperable contenida en las aguas residuales municipales sugieren que el potencial de la energía térmica (el 80 % de la energía recuperada) es mucho mayor que el de la energía química (el 20 %). Solo una cantidad muy pequeña (menos del 1 %) de la energía contenida se presenta en forma de energía hidráulica (Tarallo, 2014[29]). Los estudios han demostrado que las aguas residuales contienen entre cinco y diez veces más energía que la necesaria para su tratamiento. Aunque solo se puede recuperar una parte de esta energía, es posible que las mayores plantas de tratamiento de aguas residuales urbanas sean productoras netas de energía (Riley et al., 2020[30]). En la práctica actual, el potencial energético de las aguas residuales no se aprovecha plenamente y, aunque existen varias plantas energéticamente neutras o positivas que funcionan a pleno rendimiento, aún no son la norma. Las plantas de tratamiento de aguas residuales pueden llegar a ser 100 % autosuficientes en términos energéticos si emplean de manera eficaz la eficiencia energética y la recuperación de energía de las aguas residuales.

El potencial de la economía circular del agua en América Latina

Según los resultados obtenidos en la encuesta, la mayoría de los países de América Latina se encuentran en un modelo lineal de suministro de agua, saneamiento y gestión de recursos. Sólo Colombia, México y Perú perciben su sistema hídrico como parcialmente circular. Por lo tanto existe oportunidad enorme para que los países de América Latina incrementen dramáticamente la circularidad de sus sistemas de agua. A continuación se detalla el potencial que tienen los países encuestados, además de que se muestran experiencias comparativas de otros países y regiones.

Reducir el consumo de agua para utilizarla de forma eficiente

No siempre se tiene en cuenta que el agua puede perderse en las redes y no utilizarse eficazmente. En todo el mundo, las fugas y roturas físicas de tuberías provocan cada año la pérdida de más de 33 000 millones de m^3 de agua tratada. En los países en desarrollo se pierden 45 millones de m^3 de agua al día, lo cual representa un valor económico de más de 3 000 millones de dólares al año (Banco Mundial, 2016[31]). Según la OCDE (2016[32]), las ciudades más pequeñas encuestadas (menos de 1,5 millones de habitantes) registraron una pérdida media de agua superior a la de las ciudades más grandes. La correlación entre el PIB per cápita y el porcentaje de pérdidas de agua muestra mayores pérdidas de agua en las ciudades con menor PIB per cápita. El despilfarro en estas ciudades se asocia generalmente con el consumo no autorizado, las malas conexiones y las imprecisiones en la medición (Farley, 2001[33]). Un número considerable de ciudades de la región de ALC siguen enfrentándose a altos niveles de pérdidas físicas de agua. Por desgracia, la tasa de ANC supera el 40 % (IDB, 2018[34]) en la región.

Específicamente en cuanto a las fugas, se calcula que el nivel económicamente óptimo de pérdidas de agua en las redes municipales se sitúa por término medio entre el 10% y el 20%, dependiendo de la naturaleza de cada sistema (OCDE, 2016[32]). Según la Comisión Europea, este nivel se alcanza cuando el coste por reducir las fugas es igual al beneficio obtenido con nuevas reducciones de las fugas (European Commission, 2013[35]). Una gestión adecuada de las fugas puede ayudar a reducir significativamente la captación de agua, recuperar ingresos por pérdidas de agua y, en algunos casos, mitigar la necesidad de ampliar las fuentes de agua (Bello-Dambatta et al., 2013[36]; US Environmental Protection Agency, 2016[37]). Si bien la reducción de las pérdidas de agua puede generar valor económico para las empresas de servicios públicos, también requiere fuertes inversiones. Por ejemplo, en la Unión Europea el coste global para alcanzar un 10% de pérdidas de agua asciende aproximadamente a 8000 millones de euros, y aproximadamente el doble para alcanzar un 20% de fugas, lo que subraya los problemas financieros que están en juego para alcanzar niveles bajos de fugas (OCDE, 2023[38]).

Para aumentar la eficiencia en el uso del agua (EUA)[4] , resultan muy importantes tanto las técnicas de ahorro como la concienciación. En 2021, la eficiencia mundial de uso de agua se situó en 20.8 USD/m^3, y los datos indican una trayectoria positiva, con un aumento de la eficiencia de 17.3 USD/m^3 en 2015 a 18.9 USD/m^3 en 2018, lo que refleja un aumento de la eficiencia del 20% (FAO/ONU Agua, 2021[39]). Varios países están estableciendo objetivos y aportando soluciones. Por ejemplo, la *Estrategia Nacional del Agua* de Alemania para 2023 hace hincapié en las tecnologías de ahorro de agua, una mejor gestión de las aguas residuales y prácticas agrícolas sostenibles. En 2023, Francia dio a conocer un amplio "Plan de Ahorro de Agua" con el objetivo de reducir en un 10% el consumo nacional de agua para 2030. Entre los países de América Latina encuestados, sólo Brasil superó la eficiencia global en 2021, seguido de cerca por Costa Rica. Sin embargo, 3 de los 10 países (Perú, Chile y Colombia) no alcanzan ni la mitad del nivel mundial (Figura 1.9).

Figura 1.9. Eficiencia en el uso del agua en los países latinoamericanos incluidos en el estudio

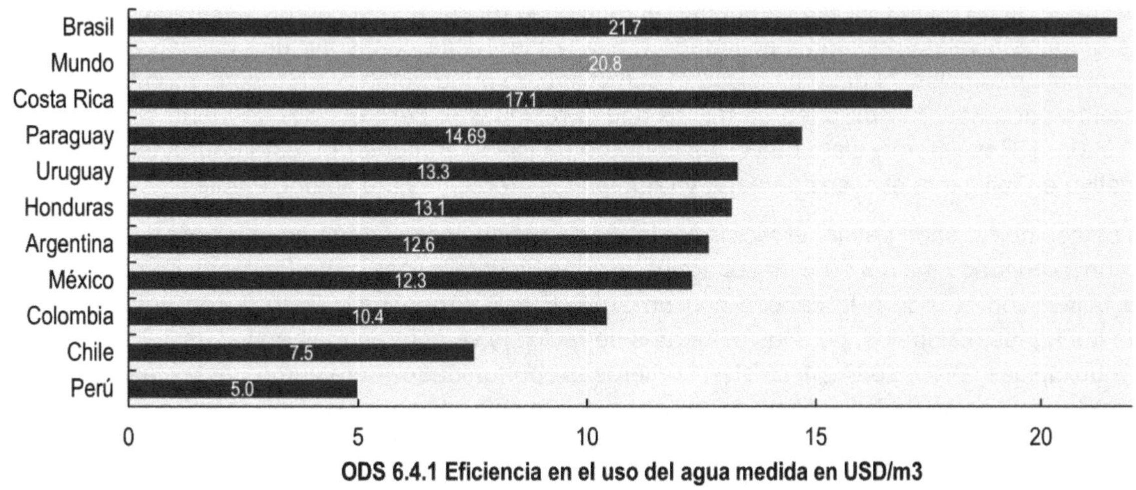

Nota: datos de 2021. La eficiencia en el uso del agua (EUA) es la suma de las eficiencias en los principales sectores económicos ponderada según la proporción de agua extraída por cada sector sobre el total de extracciones. Fuente: elaboración propia a partir de la base de datos AQUASTAT de la FAO https://data.apps.fao.org/aquastat/?lang=en&share=f-2a4f649d-bc55-4fddbeea-734145de5a00.

Reutilización del agua y reciclaje de las aguas residuales tratadas

Cuando se habla de reutilización se refiere al reaprovechamiento directo del agua usada sin someterla a ningún proceso de tratamiento. Esta práctica suele limitarse a aplicaciones no sensibles en las que la calidad del agua es adecuada para el uso previsto. En todo el mundo sólo se reutiliza el 11% de las aguas residuales, lo que pone de manifiesto una oportunidad importante para ampliar este margen (PNUMA, 2023[40]). En la agricultura, sobre todo en regiones con escasez de agua como Oriente Medio y el norte de África, la reutilización desempeña un papel importante para satisfacer las necesidades de riego. En ALC, el potencial de reutilización está infra explotado a pesar de que la agricultura es el principal consumidor de agua. En la región, donde el riego representa más del 60% de las extracciones de agua por término medio (Figura 1.10), los índices de reutilización del agua no tratada siguen siendo insignificantes. Por ejemplo, en los países encuestados la reutilización de aguas residuales no tratadas es casi inexistente, salvo en casos aislados en los que el agua de calidad mínima puede satisfacer necesidades no potables. La reutilización suele implicar prácticas informales sin una aplicación sistémica.

Figura 1.10. Water withdrawals by sector in surveyed Latin American countries

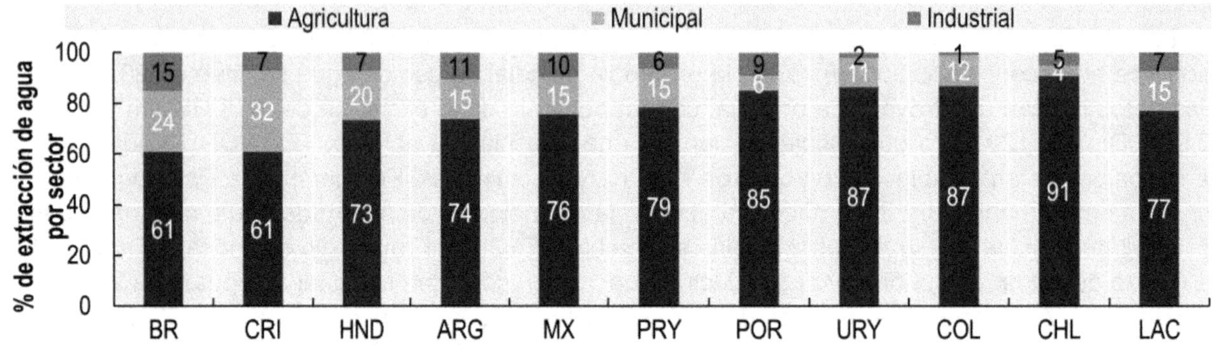

Nota: datos del 2021.
Fuente: elaboración propia a partir de la base de datos AQUASTAT de la FAO https://data.apps.fao.org/aquastat/?lang=en&share=f-2a4f649d-bc55-4fddbeea-734145de5a00.

Por otra parte, si de agua reciclada se habla, entonces se refiere al proceso de tratamiento de las aguas usadas a varios niveles (primario, secundario o avanzado) hasta conseguir una calidad adecuada para los procesos industriales, el riego o incluso el suministro de agua potable. En todo el mundo se producen anualmente unos 359 000 millones de m^3 de aguas residuales, pero el 48% se vierte sin tratar (Jones et al., 2020[41]). Resulta muy claro que si las tasas de reciclado aumentaran, esto podría tener un impacto significativo en mitigar la escasez de agua y también los problemas medioambientales.

En los países de América Latina, el reciclado de aguas residuales está aún en sus inicios. México y Chile tratan con seguridad más del 60% de las aguas residuales domésticas, pero las tasas de reciclaje siguen siendo bajas, con México a la cabeza con un 20%. Brasil, Argentina y Perú tratan entre el 35% y el 60% de las aguas residuales, pero los esfuerzos de reciclaje se centran más en los usos industriales que en los municipales (ONU, 2024[42]). Existen numerosas oportunidades para aumentar las tasas de reciclaje mediante la ampliación de la infraestructura. Algunos ejemplos que ya están en marcha son la planta de tratamiento de aguas residuales de Atotonilco de Tula (México) que recicla agua para el riego, y la planta de tratamiento de aguas residuales de Aquapolo, en São Paulo (Brasil), la cual recicla agua específicamente para uso industrial.

Si observamos a los países europeos, se verá que tanto la reutilización como el reciclado del agua son prácticas estructuradas con aplicaciones específicas. Aproximadamente 1 000 de cada 40 000 millones de m^3 de aguas residuales tratadas se reutilizan anualmente, aunque la Comisión Europea calcula que esta cifra podría multiplicarse por 6 (Water Reuse Europe, 2020[43]). De las casi 800 prácticas de reutilización y reciclado de agua identificadas, el 62% se concentran en países con escasez de agua como España, mientras que las regiones costeras con gran presión turística dan prioridad a la reutilización y reciclado de aguas depuradas para contrarrestar el agotamiento de los recursos. En conjunto, la reutilización agrícola sigue siendo la aplicación más común de reutilización del agua (39%), seguida de la industrial (15%) y la de fines recreativos (11%).

Fuera de Europa, el caso de Singapur se menciona a menudo como buena práctica. En 2003, el Public Utilities Board, la Agencia Nacional del Agua de Singapur, introdujo NEWater, agua regenerada de alta calidad producida a partir de aguas usadas tratadas que supera las normas sobre agua potable establecidas por la Organización Mundial de la Salud (OMS) y la Agencia de Protección del Medio Ambiente de Estados Unidos. NEWater se utiliza principalmente para usos industriales no potables en parques de fabricación de obleas, polígonos industriales y edificios comerciales (OCDE, 2016[32]). Tras casi 20 años en funcionamiento, NEWater abastecía el 30% de la demanda de agua de Singapur en 2022, con el objetivo de cubrir el 50% para 2060 (Rahmawan and Eliana, 2023[44]).

Recuperar energía y materiales del tratamiento de aguas residuales

En páginas anteriores se trató extensamente la importancia de la recuperación de energía y materiales extraídos del tratamiento de aguas residuales. Sin embargo estas prácticas se encuentran todavía en sus inicios en la mayor parte del mundo. Las tecnologías avanzadas permiten la recuperación de biogás (una fuente de energía) y de valiosos compuestos bioquímicos.

Las biofábricas son especialmente innovadoras y han transformado el concepto de planta de tratamiento de aguas residuales al introducir la recuperación de materiales y energía. En la región metropolitana de Santiago de Chile, por ejemplo, Aguas Andinas ha instalado tres biofábricas: La Farfana, Mapocho-Trebal y La Florida. Estas biofábricas tratan conjuntamente el 100 % de las aguas residuales del Gran Santiago, lo que permite que una parte significativa del agua limpia se reintroduzca en el río Mapocho, y que el resto se destine al riego en la región metropolitana. En 2018 ganaron el premio "Momentum for Change Climate Action Award" de las Naciones Unidas. Más allá del tratamiento de aguas residuales, el objetivo de estas biofábricas es generar cero residuos, ser autosuficientes en energía y neutras en carbono mediante la extracción y el suministro de recursos como electricidad, gas natural, fertilizantes agrícolas y agua limpia (IDB, 2022[45]).

Otro ejemplo está en la biofábrica de la ciudad española de Granada. Esta pretende pasar de ser consumidora de energía a productora de energía, reciclar las aguas depuradas en lugar de limitarse a depurarlas y devolverlas al medio natural, y transformar los residuos en recursos para no arrojarlos al vertedero (OCDE, 2021[46]). En 2019, la biofábrica casi alcanzó su objetivo de autosuficiencia energética al 100%. Además, 18,91 millones de m^3 de agua tratada se han reutilizado para el riego y para el mantenimiento del caudal ecológico mínimo del río Genil. Además, de las 16 525 toneladas métricas de material de lodos frescos producidos en la biofábrica en 2019, el 14.3% se recicló para compost y el 85.7% para su aplicación directa en el sector agrícola (OCDE, 2021[46]).

Referencias

AIE (2015), *Annual Report*. [21]

Arup/Fundación Ellen MacArthur/Antea Group (2019), *WATER AND CIRCULAR ECONOMY A WHITEPAPER*, https://www.google.com/url?sa=t&rct=j&q=&esrc=s&source=web&cd=&cad=rja&uact=8&ved=2ahUKEwir_9r_6lyEAxWoTKQEHfMfB4kQFnoECA8QAQ&url=https%3A%2F%2Fwww.arup.com%2F-%2Fmedia%2Farup%2Ffiles%2Fpublications%2Fw%2Fwater_and_circular_economy_whitepaper.pdf&usg=AOvV. [55]

Banco Mundial (2022), *The Latin American climate crisis is also a water crisis. How do we move forward?*, https://blogs.worldbank.org/en/latinamerica/latin-american-climate-crisis-also-water-crisis-how-do-we-move-forward. [11]

Banco Mundial (2021), *Water in Circular Economy and Resilience (WICER)*, https://www.worldbank.org/en/topic/water/publication/wicer. [56]

Banco Mundial (2019), *Quality Unknown: The Invisible Water Crisis*, https://www.worldbank.org/en/news/feature/2019/08/20/quality-unknown. [22]

Banco Mundial (2016), *The World Bank and the International Water Association to Establish a Partnership to Reduce Water Losses*, https://www.worldbank.org/en/news/press-release/2016/09/01/the-world-bank-and-the-international-water-association-to-establish-a- [31]

partnership-to-reduce-water-losses.

Bárcena, A. (2015), *The economics of climate change in Latin America and the Caribbean: Paradoxes and challenges of sustainable development*, https://repositorio.cepal.org/bitstream/handle/11362/37311/4/S1420655_en.pdf. [7]

Bello-Dambatta et al. (2013), "Guidance on evaluation and selection of sustainable water demand management technologies", https://www.researchgate.net/publication/265865292_Guidelines_for_the_Evaluation_and_Selection_of_Sustainable_Water_Demand_Management_Interventions. [36]

BID (2022), *Open configuration options Scarcity in the Land of Plenty*, Inter-American Development Bank, https://doi.org/10.18235/0003969. [19]

BID (2021), *La brecha de infraestructura en América Latina y el Caribe: estimación de las necesidades de inversión hasta 2030 para progresar hacia el cumplimiento de los Objetivos de Desarrollo Sostenible*, Inter-American Development Bank, https://doi.org/10.18235/0003759. [17]

Brears, R. (2019), "Introduction", in *Palgrave Studies in Climate Resilient Societies, Developing the Circular Water Economy*, Springer International Publishing, Cham, https://doi.org/10.1007/978-3-030-32575-6_1. [47]

Burek, P. et al. (2016), *Water futures and solution-fast track initiative.*, https://pure.iiasa.ac.at/id/eprint/13008/. [18]

CEPAL (2022), *Economic Survey of Latin America and the Caribbean*, https://repositorio.cepal.org/server/api/core/bitstreams/e77f282a-c7cb-42bc-9045-d58e955e6504/content. [14]

CEPAL (2022), *The World Has 8 Billion People, 662 Million of Whom Live in Latin America and the Caribbean*, https://www.cepal.org/en/news/world-has-8-billion-people-662-million-whom-live-latin-america-and-caribbean (accessed on 12 December 2023). [53]

CEPAL (2010), *The Economics of Climate Change in Central America: Summary 2010*, https://www.cepal.org/en/publications/35229-economics-climate-change-central-america-summary-2010 (accessed on April 2024). [12]

CEPALSTAT (2023), *Latin America and the Caribbean: Regional Economic Profile*, https://statistics.cepal.org/portal/cepalstat/regional-profile.html?theme=2&lang=en. [58]

EM-DAT ((n.d.)), *The international disaster database*, https://www.emdat.be/. [9]

EurEau (2021), *Products from Waste Water - Fibres, polymers and other organics*, https://www.eureau.org/documents/diverse/6080-factsheet-on-products-from-waste-water-fibres-and-polymers/file. [28]

European Commission (2013), *Resource and economic efficiency of water distribution networks in the EU*, http://ec.europa.eu/environment/water/quantity/pdf/Final%20REE%20Report%20Oct%202013.pdf. [35]

FAO (n.d.), *Damage and loss*, https://www.fao.org/resources/digital-reports/disasters-in-agriculture/en/ (accessed on April 2024). [10]

FAO/ONU Agua (2021), *Progress on change on water-use efficiency*, https://doi.org/10.4060/cb6413en. [39]

Farley, M. (2001), *Leakage Management and Control: A Best Practice Training Manual,*, http://whqlibdoc.who.int/hq/2001/WHO_SDE_WSH_01.1_eng.pdf. [33]

Foro Económico Mundial (2020), *WEF Report*. [25]

Franz (2008), "Phosphate fertilizer from sewage sludge ash", *Waste Management, Volume 28, Issue 10*, pp. 1809-1818, https://doi.org/10.1016/j.wasman.2007.08.011. [26]

Fundación Ellen MacArthur (2019), *Introducción a la economía circular*, https://www.ellenmacarthurfoundation.org/the-circular-economy-in-detail-deep-dive. [1]

Fundación Ellen MacArthur (2019), *Introduction to the Circular Economy*, https://www.ellenmacarthurfoundation.org/the-circular-economy-in-detail-deep-dive. [52]

IDB (2022), *El reúso de agua residual tratada en América Latina y el Caribe: 10 estudios de caso*, https://doi.org/10.18235/0004515. [45]

IDB (2018), *How Efficient is the Supply of Water in Latin America?*, https://www.caf.com/en/currently/news/2018/03/how-efficient-is-the-supply-of-water-in-latin-america/#:~:text=CAF%20%2D%20development%20bank%20of%20Latin,in%20the%20supply%20of%20water. [34]

Infralatam (2021), *Public Investment in Economic Infrastructure: Evolution by Country and Sector*, https://www.infralatam.info/home/. [16]

IPCC (2022), *Climate Change 2022: Impacts, Adaptation and Vulnerability, Intergovernmental Panel on Climate Change*, https://report.ipcc.ch/ar6wg2/pdf/IPCC_AR6_WGII_FinalDraft_FullReport.pdf (accessed on April 2024). [13]

Jones, E. et al. (2020), "Country-level and gridded wastewater production, collection, treatment and re-use [dataset]", *PANGAEA*, https://doi.org/10.1594/PANGAEA.918731. [41]

Morseletto, P., C. Mooren and S. Munaretto (2022), "Circular Economy of Water: Definition, Strategies and Challenges", *Circular Economy and Sustainability*, Vol. 2/4, pp. 1463-1477, https://doi.org/10.1007/s43615-022-00165-x. [49]

OCDE (2023), "Circular economy - waste and materials", in *Environment at a Glance Indicators*, OECD Publishing, Paris, https://doi.org/10.1787/f5670a8d-en. [2]

OCDE (2023), *Implementing Water Economics in the EU Water Framework Directive*, OECD Studies on Water, OECD Publishing, Paris, https://doi.org/10.1787/d6abda81-en. [38]

OCDE (2021), *The Circular Economy in Granada, Spain*, OECD Urban Studies, OECD Publishing, Paris, https://doi.org/10.1787/5f8bd827-en. [46]

OCDE (2016), *Water Governance in Cities*, OECD Studies on Water, OECD Publishing, Paris, https://doi.org/10.1787/9789264251090-en. [32]

OCDE et al. (2023), *Latin American Economic Outlook 2023: Investing in Sustainable Development*, OECD Publishing, Paris, https://doi.org/10.1787/8c93ff6e-en. [15]

OCDE et al. (2022), *Latin American Economic Outlook 2022: Towards a Green and Just Transition*, OECD Publishing, Paris, https://doi.org/10.1787/3d5554fc-en. [6]

ONU (2024), *Progress on Wastewater Treatment (SDG target 6.3)*, https://www.sdg6data.org/en/indicator/6.3.1. [42]

ONU (2022), *2022 Revision of World Population Prospects*, https://population.un.org/wpp/ (accessed on April 2024). [51]

PNUMA (2023), *Wastewater – Turning Problem to Solution*, https://wedocs.unep.org/20.500.11822/43142. [40]

Programa Mundial de Evaluación de los Recursos Hídricos de las Naciones Unidas (2017), *The United Nations World Water Development Report 2017. Wastewater: The Untapped Resource*. [23]

Rahmawan, A. and G. Eliana (2023), “Mitigating Aquifer Crisis in Indonesia’s New Capital, Nusantara: Problems and Lessons Learned from Singapore”, *Közigazgatási és Infokommunikációs Jogi PhD Tanulmányok*, Vol. 4/1, pp. 5-22, https://doi.org/10.47272/KIKPhD.2023.1.1. [44]

Riley, D. et al. (2020), “Techno-economic assessment of CHP systems in wastewater treatment plants”, *Environments*, https://doi.org/10.3390/environments7100074. [30]

Sauvé, S. et al. (2021), “Circular economy of water: Tackling quantity, quality and footprint of water”, *Environmental Development*, Vol. 39, p. 100651, https://doi.org/10.1016/j.envdev.2021.100651. [50]

Smol, M. (2015), “The possible use of sewage sludge ash (SSA) in the construction industry as a way towards a circular economy”, *Journal of Cleaner Production, 95*, pp. 45-54, https://doi.org/10.3390/en16093911. [27]

Smol, M., C. Adam and M. Preisner (2020), “Circular economy model framework in the European water and wastewater sector”, *Journal of Material Cycles and Waste Management*, Vol. 22/3, pp. 682-697, https://doi.org/10.1007/s10163-019-00960-z. [48]

Solon, K. (2019), “Resource recovery and wastewater treatment modelling”, *Environmental Science: Water Research & Technology, 5(4)*, pp. 631-642, https://doi.org/10.1039/C8EW00765A. [20]

Tarallo, S. (2014), *Utilities of the Future Energy Findings*, IWA Publishing. [29]

UN (2024), *Progress on Wastewater Treatment (SDG target 6.3)*, https://www.sdg6data.org/en/indicator/6.3.1. [5]

UN (2018), *The World’s Cities in 2018*, https://digitallibrary.un.org/record/3799524?l-=&v=pdf. [57]

UN (2018), *World Urbanization Prospects 2018*, https://population.un.org/wup/DataQuery/. [59]

UNDRR (2023), *Overview of Disasters in Latin America and the Caribbean 2000-2022*, https://www.undrr.org/media/89900/download?startDownload=20240503. [8]

UNDRR (2023), *Overview of Disasters in Latin America and the Caribbean 2000-2022*, https://www.undrr.org/media/89900/download?startDownload=20240503. [3]

UNESCO (2017), *The United Nations world water development report, 2017: Wastewater: the untapped resource*, https://unesdoc.unesco.org/ark:/48223/pf0000247153. [54]

US Environmental Protection Agency (2016), *Best Practices to Consider when Evaluating Water Conservation and Efficiency as an Alternative for Water Supply Expansion*. [37]

Water Reuse Europe (2020), *The state of the sector*, https://www.water-reuse-europe.org/about-water-reuse/#page-content. [43]

Waternet (2017), *Annual Report*. [24]

WHO/UNICEF (2022), *PROGRESS ON DRINKING WATER, SANITATION AND HYGIENE IN LATIN AMERICA AND THE CARIBBEAN*, https://washdata.org/sites/default/files/2022-11/jmp-2022-regional-snapshot-LAC.pdf. [4]

Notas

[1] Arup, Ellen MacArthur Foundation, & Antea Group (2019). Water and Circular Economy: A Whitepaper. Disponible en: https://content.ellenmacarthurfoundation.org/m/2bcc3c39c76601ea/original/Water-and-circular-economy.pdf; Brears, R. (2019). "Introduction." In Palgrave Studies in Climate Resilient Societies: Developing the Circular Water Economy. Springer International Publishing, Cham. Disponible en: https://doi.org/10.1007/978-3-030-32575-6_1; Morseletto, P., Mooren, C., & Munaretto, S. (2022). "Circular Economy of Water: Definition, Strategies, and Challenges." Circular Economy and Sustainability, Vol. 2(4), pp. 1463-1477. Disponible en: https://doi.org/10.1007/s43615-022-00165-x; Sauvé, S., et al. (2021). "Circular Economy of Water: Tackling Quantity, Quality, and Footprint of Water." Environmental Development, Vol. 39, p. 100651. Disponible en: https://doi.org/10.1016/j.envdev.2021.100651 ; Smol, M., Adam, C., & Preisner, M. (2020). "Circular Economy Model Framework in the European Water and Wastewater Sector." Journal of Material Cycles and Waste Management, Vol. 22(3), pp. 682-697. Disponible en: https://doi.org/10.1007/s10163-019-00960-z; World Bank (2021). Water in Circular Economy and Resilience (WICER). Disponible en: https://www.worldbank.org/en/topic/water/publication/wicer

[2] América Latina está formada por Argentina, Belice, Bolivia, Brasil, Chile, Colombia, Costa Rica, Cuba, Dominica, Ecuador, El Salvador, Granada, Guatemala, Guyana, Haití, Honduras, Jamaica, México, Nicaragua, Panamá, Paraguay, Perú, Puerto Rico, San Cristóbal y Nieves, Santa Lucía, San Vicente y las Granadinas, Surinam, Trinidad y Tobago, Uruguay y Venezuela.

[3] El ODS 6, relativo al agua y el saneamiento, tiene por objeto garantizar el acceso al agua potable y al saneamiento para todos, centrándose en la gestión sostenible de los recursos hídricos, las aguas residuales y los ecosistemas, y reconociendo la importancia de un entorno propicio.

[4] En el sector del agua se entiende comúnmente como una relación adimensional entre el agua utilizada y el agua extraída. En cambio, en el sector agrícola se suele emplear para medir la eficiencia de los cultivos a la hora de producir biomasa y rendimiento cosechable. Esta ambigüedad ha dificultado la normalización del concepto.

2 La gobernanza de la economía circular del agua en América Latina

Este capítulo examina las políticas públicas de la economía circular de los países seleccionados de América Latina y evalúa cómo se aborda cada dimensión de la economía circular del agua (reducción, reutilización, reciclaje y recuperación) a través de las políticas sectoriales de la región. Este apartado concluye identificando las brechas de gobernanza que deben tratarse para lograr una economía circular del agua plenamente integrada en América Latina.

Políticas públicas de economía circular en América Latina

En América Latina, los gobiernos nacionales y subnacionales están elaborando cada vez más visiones a largo plazo orientadas hacia una economía circular, en forma de estrategias, hojas de ruta y planes destinados a fomentar la sostenibilidad y la eficiencia en el uso de los recursos (Recuadro 2.1). La mitad de los países (Brasil, Colombia, Costa Rica, México y Uruguay) han formulado o están a punto de aplicar estrategias nacionales, mientras que Chile, Paraguay y Perú han optado por elaborar hojas de ruta para la economía circular. Además, el anterior *Plan de Acción de Economía Circular* de Uruguay sirvió como iniciativa fundacional que condujo a la formulación de su estrategia. Por su parte, México está desarrollando una política nacional de economía circular desde 2023. Algunos países también han empezado a desarrollar normativas de economía circular, por ejemplo, Brasil y Costa Rica elaboraron propuestas legislativas en 2022 y 2023 respectivamente. En cuanto a implementación de leyes subnacionales, Buenos Aires y la Ciudad de México han demostrado su liderazgo en el avance de las iniciativas de economía circular desde 2021 y 2023.

Recuadro 2.1. Ejemplos de políticas públicas de economía circular

- En Argentina todavía no existe una política nacional general, pero han surgido diversas iniciativas. **La Estrategia Nacional de Consumo y Producción Sustentables 2021,** liderada por el Ministerio de Ambiente y Desarrollo Sustentable, reconoce a la economía circular como un medio para lograr patrones de consumo y producción más sustentables, sin embargo, no establece objetivos o metas específicas (Ministerio de Medio Ambiente y Desarrollo Sostenible, 2021[1]). En 2019, la Asociación para el Estudio de los Residuos Sólidos creó una Coalición de Economía Circular que reúne a empresas, instituciones académicas y ONG. Esta Coalición redactó un documento en el que se esbozaban consideraciones preliminares para el futuro desarrollo de una estrategia nacional, incluida la necesidad de políticas de contratación pública con criterios circulares, actualizaciones normativas en el ámbito de la gestión de residuos y nuevas normativas para la Responsabilidad Ampliada del Productor (RAP) (ARS, 2019[2]). Por otra parte, Buenos Aires promulgó la *Ley Marco de Economía Circular 2021* (Ley N.º 6468), que establece los principios y directrices para la aplicación de la economía circular en su territorio, y lanzó en 2024 la *Estrategia de Economía Circular 2024-2028* que se centra en 4 áreas principales de intervención: textil, alimentos, residuos de vehículos y energía (Ciudad de Buenos Aires, 2024[3]).
- Brasil ya ha ido caminando hacia la transición. Como parte de la *Política Nacional de Desarrollo Regional*, en 2019 el gobierno federal lanzó una hoja de ruta centrada en el reciclaje, la energía renovable y las fuentes de agua (MIDR, 2021[4]). A finales de 2020, la hoja de ruta condujo a la creación de dos centros subnacionales, el Cerrado Circular y el Paraíba Circular. Ambos formaron comités de gestión y crearon carteras de proyectos. En 2022 se empezó a trabajar el *Proyecto de Ley de Economía Circular* que aún está en trámite (Senado Federal de Brasil, 2022[5]). Y en 2024 se promulgó el Decreto N.º 12 082 que establece la *Estrategia Nacional para la Economía Circular* (Gobierno de Brasil, 2024[6]) y el *Foro Nacional para la Economía Circular*, un órgano de gobernanza responsable de asesoramiento, seguimiento y evaluación de la Estrategia Nacional.
- Chile en 2021 lanzó la Hoja de Ruta de la Economía Circular 2040 que establece objetivos para 2023 y 2040 orientados a la creación de empleos verdes, la reducción de la generación de residuos, la mejora de la productividad de los materiales y el aumento de las tasas de reciclaje tanto en general como para los residuos sólidos urbanos. Además se centra en la recuperación de los lugares afectados por la eliminación ilegal (Government of Chile, 2021[7])

- En 2019, Colombia lanzó la *Estrategia Nacional de Economía Circular* que prioriza la eficiencia de materiales, agua y energía con acciones que incluyen el desarrollo de marcos de monitoreo y la implementación de estándares de medición (Ministerio de Medio Ambiente, 2019[8]). La estrategia se enfoca en 6 líneas de acción basadas en análisis de metabolismo: flujo de materiales industriales y productos de consumo masivo, flujo de materiales de empaque, flujo de biomasa, fuentes y flujos de energía, flujo de agua y flujo de materiales de construcción. Además presenta una serie de indicadores para medir los avances en flujos específicos como el flujo de materiales industriales, el flujo de materiales de envasado, la biomasa, la energía, el agua y el flujo de materiales de construcción. Por otro lado, a nivel subnacional se han firmado 7 pactos regionales de economía circular para avanzar en la implementación de la *Estrategia Nacional de Economía Circular*, entre ellos el *Pacto Regional de Bogotá 2018-22* y el *Pacto Regional de Antioquia 2018-22* en Medellín.
- Costa Rica introdujo en 2023 tanto la *Estrategia Nacional de Economía Circular* como el *Proyecto de Ley de Economía Circular* (Gobierno de Costa Rica, 2023[9]). La estrategia establece objetivos, indicadores y metas para los flujos de materiales, residuos, energía y agua, así como para el impacto ambiental, la competitividad, la transición justa, el desarrollo económico, la industria y la innovación, y la adaptación al cambio climático. El proyecto de ley, aún en proceso de discusión, aborda la economía circular desde un enfoque basado en cadenas de valor e identifica medidas específicas para 5 sectores prioritarios: construcción y edificación, comercio y servicios, sector agrario, industria manufacturera y gestión integrada de la cadena de valor del agua.
- México anunció en 2023 el desarrollo de la *Estrategia Nacional de Economía Circular* y el *Plan de Acción* por parte de la Secretaría de Medio Ambiente y Recursos Naturales (Gobierno de México, 2023[10]). El objetivo es minimizar el consumo de recursos y los residuos mediante la promoción del diseño, mantenimiento, reparación y reciclaje de larga duración. La estrategia forma parte del *Plan Nacional de Desarrollo (2019-2024)* y también contribuye a los objetivos de mitigación climática planteados en la *Contribución Nacionalmente Determinada Actualizada* de 2020. Para avanzar en este esfuerzo, en 2024, se publicó el *Diagnóstico para el Desarrollo de la Estrategia Nacional de Economía Circular* que realiza un análisis del metabolismo nacional de los flujos de materiales, energía y agua e identifica sectores clave para el desarrollo de la estrategia nacional (Gobierno de México, 2024[11]). A nivel subnacional, la *Ley de Economía Circular 2023* de la Ciudad de México aboga por la adopción de tecnología y el apoyo a la investigación para mejorar la eficiencia de los recursos (CDMX, s.f.[12]).
- Las iniciativas de Paraguay en materia de economía circular se centran principalmente en los envases a través de la *Hoja de Ruta 2024 para la Economía Circular de Envases,* que promueve el reciclaje y la reducción de residuos (Ministerio de Industria y Comercio, 2024[13]). Esta fue lanzada por el Grupo Impulsor de la Economía Circular, coordinado por el Ministerio de Industria y Comercio, el Ministerio de Ambiente y Desarrollo Sostenible y la Fundación Moisés Bertoni, con el apoyo del Laboratorio de Innovación del Banco Interamericano de Desarrollo. La estrategia pretende aumentar la tasa de reciclaje de envases post-consumo, impulsar el uso de materiales reciclados en la fabricación de envases, ampliar la exportación de materias primas secundarias y mejorar el reconocimiento de los recicladores de base en los planes municipales de gestión de residuos.
- Perú desarrolló el *Pacto de Economía Circular* en 2021 (MINAM, 2021[14]) y la Coalición Nacional de Economía Circular en 2023 (Gobierno de Perú, 2023[15]), que condujeron a la *Hoja de Ruta Nacional de Economía Circular 2030* (MINAM, 2023[16]). Esta última establece diez objetivos que deben alcanzarse para 2030. Entre ellos se incluyen: aumentar la contribución de la economía circular al PIB y al empleo en un 1%, reducir la huella ecológica del país, recortar las emisiones de gases de efecto invernadero en un 40%, impulsar la investigación, el

desarrollo y la innovación en iniciativas de economía circular en un 50%, etiquetar el 25% de los productos de consumo masivo con información sobre el impacto medioambiental, incorporar los principios de la economía circular en los planes de desarrollo de más del 70% de los gobiernos regionales, la valorización de al menos el 10% de los residuos sólidos urbanos y el 70% de los residuos no urbanos, el abastecimiento del 64% de la energía de la red eléctrica nacional a partir de energías renovables, y el desarrollo de mecanismos de financiación y programas de capacitación para promover prácticas circulares en todos los sectores (MINAM, 2023[16]). Además, el país realizó el Primer Foro Internacional sobre Economía Circular en 2018 y aprobó la hoja de ruta en el sector industrial en febrero de 2020.

- En Uruguay hay dos hitos principales de la economía circular: el *Plan de Acción Nacional de Economía Circular* de 2019 y la *Estrategia Nacional de Economía Circular* de 2024. El plan de acción, liderado por el Comité Nacional de Economía Circular, permitió articular algunas iniciativas en sectores como la silvicultura, la alimentación, los residuos de envases y la recuperación de materiales. Esto incluye la integración de criterios de economía circular para la contratación pública de alimentos y envases, la transición de la industria a través de un programa de sensibilización y el diseño de un Centro Tecnológico de Bioeconomía Circular. La estrategia tiene como objetivo optimizar el uso de los recursos y promover la desmaterialización, y se basa en un análisis del metabolismo de 5 flujos prioritarios a nivel nacional: biomasa, construcción, vivienda e infraestructuras, energía y movilidad, bienes de consumo y agua. Se trata de un esfuerzo interinstitucional en el que participan 4 ministerios (Ministerio de Medio Ambiente, Ministerio de Industria, Energía y Minería, Ministerio de Ganadería, Agricultura y Pesca, y el Ministerio de Economía y Hacienda) junto con agentes del sector privado, el mundo académico y organizaciones de la sociedad civil.

En los últimos años, los recursos hídricos y el saneamiento se han incluido en las políticas de economía circular en toda América Latina. Según la Encuesta de la OCDE de 2020 sobre la economía circular en ciudades y regiones[1], el 65 % de las ciudades y regiones encuestadas reconocen que el agua y el saneamiento son componentes esenciales de las estrategias de economía circular (OECD, 2020[17]). De los 10 países latinoamericanos encuestados en este informe, siete ya han implementado políticas de economía circular, mientras que México se encuentra actualmente en proceso de desarrollar una. Sin embargo, seis países - Brasil, Chile, Colombia, Costa Rica, Perú y Uruguay- incluyen explícitamente los recursos hídricos en sus políticas de economía circular (Tabla 2.1). Las primeras iniciativas, como el *Plan de Acción de Economía Circular 2019* de Uruguay y la *Hoja de Ruta de Economía Circular 2019* de Brasil, sentaron las bases para la adopción de medidas puntuales y la puesta en marcha de iniciativas locales relacionadas con el agua, como la integración de criterios de economía circular en la contratación pública de alimentos en Uruguay o el desarrollo de una plataforma digital para promover la adopción de tecnologías de uso eficiente del agua y la creación de centros de economía circular en Brasil. Sin embargo, las políticas públicas más recientes, como el *Proyecto de Ley y Estrategia de Economía Circular* de Costa Rica y el *Diagnóstico para el Desarrollo de la Estrategia Nacional de Economía Circular* de México (Recuadro 2.2), muestran un enfoque más integral. Estas políticas públicas incorporan análisis metabólicos a escala nacional de los flujos de agua, materiales y energía, junto con la introducción de objetivos concretos e indicadores de seguimiento.

Recuadro 2.2. El análisis del metabolismo como base para diseñar una estrategia de economía circular en México

En 2024, México publicó el *Diagnóstico para el Desarrollo de la Estrategia Nacional de Economía Circular*. Para sentar las bases de esta estrategia, que se viene desarrollando desde 2023, México ha llevado a cabo un análisis metabólico exhaustivo de su economía, evaluando los insumos, los usos y los productos de tres flujos de recursos clave a nivel nacional: 1) Materiales que incluyen biomasa, combustibles fósiles, minerales metálicos y no metálicos, productos mixtos y flujos de residuos; 2) Agua, cubriendo el uso por tipo y sector, así como las fuentes incluyendo aguas superficiales y subterráneas; 3) Energía, examinando la mezcla de electricidad del país, desagregada por fuente de energía. Este análisis metabólico se representa para cada flujo de recursos mediante el **diagrama de Sankey** que proporciona una visualización de los flujos económicos.

Fuente: Gobierno de México (2024), Bases para la Elaboración de un Diagnóstico de la Estrategia Nacional de Economía Circular en México, https://www.gob.mx/semarnat/prensa/semarnat-presenta-las-bases-del-diagnostico-para-transitar-a-una-economia-circular .

Volvamos a los países encuestados en donde se puede observar que las iniciativas de economía circular de Brasil, Chile, Colombia, Costa Rica, Perú y Uruguay comparten el objetivo común de integrar la gestión de los recursos hídricos en sus estrategias de sostenibilidad más amplias, haciendo hincapié en la reutilización del agua, la eficiencia y la reducción del impacto ambiental. Por ejemplo, la *Estrategia Nacional de Economía Circular 2024* de Uruguay identifica el agua como un flujo de recursos prioritario y promueve medidas como las tecnologías de recirculación y la recuperación de recursos de las aguas residuales. Del mismo modo, el *Proyecto de Ley de Economía Circular 2023* de Costa Rica prioriza la recogida de aguas pluviales y la reutilización de aguas residuales en sectores clave como la agricultura y la construcción. La *Hoja de Ruta de la Economía Circular* de Brasil destaca la reutilización del agua como un componente clave de la promoción de la circularidad en diversos sectores, especialmente en las regiones semiáridas. Por su parte, Chile ha aplicado un enfoque más específico a través de su *Hoja de Ruta de la Economía Circular 2021*, que aborda los recursos hídricos a través de iniciativas para mejorar los sistemas de información y actualizar la normativa para la gestión de residuos, en particular la reutilización de aguas grises. A pesar de los avances realizados en algunos países, siguen existiendo importantes brechas, especialmente en la integración sistemática de medidas de recuperación de energía y materiales. Aunque Perú y Uruguay abordan la recuperación de nutrientes y el reciclado de biosólidos, muchos países no dan prioridad a la recuperación ni se centran adecuadamente en sectores infrarrepresentados, como el uso urbano del agua y la energía.

Sin duda, los rasgos distintivos de la estrategia de cada país están conformados por sus desafíos medioambientales y estructuras de gobernanza únicos. El enfoque de Colombia, a través de la *Estrategia Nacional de Economía Circular 2020* y el *CONPES 4004*, se basa en objetivos para aumentar la productividad del agua y reducir su contaminación. En cambio, la estrategia de Costa Rica se centra en integrar la gestión del agua en prácticas ecológicas más amplias, como la contratación pública y las directrices sectoriales. Perú y Uruguay dan prioridad a la eficiencia hídrica y el reciclaje en el contexto de sus objetivos de sostenibilidad más amplios, y Uruguay, en particular, identifica el agua como uno de los 5 flujos prioritarios en su *Estrategia Nacional de Economía Circular 2024*.

A pesar de los retos de cada país, emergen patrones comunes para avanzar en sus metas de economía circular. Brasil y Colombia se enfrentan a la necesidad de aplicar eficazmente sus estrategias, sobre todo en regiones con importantes problemas de escasez de agua y contaminación. En Chile y Costa Rica existen obstáculos normativos para adoptar nuevas tecnologías y prácticas en la reutilización del agua y la gestión de las aguas residuales. En Perú y Uruguay el reto consiste en garantizar que las hojas de ruta y las estrategias recién establecidas puedan ponerse en práctica de forma eficaz, especialmente en sectores como el agua y el saneamiento, donde las limitaciones de infraestructuras y recursos son significativas. A pesar de estos obstáculos, los países encuestados comparten el compromiso de fomentar la innovación, mejorar los marcos normativos y crear asociaciones entre sectores para alcanzar sus objetivos de economía circular.

En cuanto a los mecanismos de financiación para apoyar las políticas públicas, la adopción de modelos de financiación combinada junto con incentivos específicos y apoyo al desarrollo de capacidades son fundamentales para ampliar las iniciativas de agua circular. Países como Uruguay, Costa Rica y Colombia han desarrollado estrategias financieras globales que integran financiación verde, incentivos para las empresas y asociaciones público-privadas. Por ejemplo, Uruguay incluye herramientas financieras con criterios de circularidad para orientar la inversión, mientras que Costa Rica ofrece créditos fiscales, depreciación acelerada y reducciones del impuesto sobre la renta para promover las tecnologías de ahorro de agua y la innovación. Colombia también fomenta la participación del sector privado mediante condiciones crediticias favorables y capital inicial. Por el contrario, Brasil y Paraguay muestran un enfoque más limitado con menos detalles sobre mecanismos de financiación específicos. En Perú, los mecanismos de financiación emergentes, incluidos los establecidos entre el BID y la Federación Peruana de Cajas Municipales de Ahorro y Crédito, junto con los bonos verdes emitidos por el Banco de Crédito del Perú, apoyan las iniciativas de economía circular.

Tabla 2.1. Políticas nacionales sobre economía circular del agua en los países de América Latina encuestados

País	Política	Año	Mención explícita de las dimensiones de la economía circular del agua			Objetivos, metas y medidas relacionados con el agua	Mecanismos de financiación generales y específicos en agua
			Reducción	Reutilización y reciclaje	Recuperación		
Brasil	Hoja de ruta de la economía circular	2019	✗	✓	✗	Promover la adopción de tecnologías que optimicen el uso y la reutilización de los recursos hídricos en las regiones semiáridas. Para ello se desarrolló la Plataforma Sabiá, una web que cuenta con una base de datos de tecnologías disponibles y cursos de formación.	✗
	Proyecto de Ley sobre Economía Circular	2022	✗	✗	✗	Sensibilizar a la población sobre un mejor uso de los recursos, incluidos la energía, el agua y las materias primas.	El Mecanismo de Transición Justa proporciona recursos financieros para fomentar las inversiones, el acceso a préstamos, la creación de empresas y la innovación, y ayudar a los sectores con altas emisiones de carbono a adoptar tecnologías con bajas emisiones de carbono.
	Estrategia Nacional para la Economía Circular	2024	✗	✗	✗	✗	Planes de financiación, incentivos para la contratación pública de bienes y servicios circulares, y políticas fiscales adecuadas para reducir la contaminación y los residuos.
Chile	Hoja de Ruta de la Economía Circular	2021	✗	✓	✗	• Reforzar los sistemas de información para la elaboración de modelos de impacto ambiental, incluidos indicadores sobre el uso del agua (por ejemplo, uso de recursos, huella de carbono, uso de energía, análisis del flujo de materiales y generación de residuos). • Actualizar el marco normativo para establecer normas para los sistemas de reutilización de aguas grises.	Incluye acciones como canalizar fondos internacionales de inversión de impacto hacia proyectos nacionales de economía circular, definir prioridades de financiación y diseñar programas de fondos de financiación pública para incentivar el desarrollo de mercados secundarios y garantizar que el sector financiero amplíe su oferta de financiación verde para proyectos y empresas circulares.
Colombia	Estrategia Nacional de Economía Circular 2018-2022	2019	✓	✓	✗	• Aumentar un 50% los proyectos de reciclado de aguas residuales. • Aumento de las aguas residuales urbanas tratadas en un 54.3%. • Reducir el Índice de Pérdidas por Usuario Facturado en un 20.9%.	Creación de incentivos para empresas y emprendedores (por ejemplo, créditos favorables o capital inicial) para crear capacidades, facilitar el acceso a la asistencia técnica y promover la innovación y la I+D.

País	Política	Año	Mención explícita de las dimensiones de la economía circular del agua			Objetivos, metas y medidas relacionados con el agua	Mecanismos de financiación generales y específicos en agua
			Reducción	Reutilización y reciclaje	Recuperación		
						• Mejorar el Índice de Calidad del Agua en 20 puntos. • Aumentar la productividad del agua a USD $ 5 495 para 2030. • Fomentar plataformas de colaboración para apoyar iniciativas de economía circular en el sector del agua. • Desarrollar marcos de seguimiento y evaluación y aplicar normas de medición en los sistemas de abastecimiento de agua.	
	Economía circular en la gestión de los servicios de agua potable y tratamiento de aguas residuales (CONPES 4004)	2020	✓	✓	✗	Para 2030 tienen 4 objetivos: • Dar acceso a soluciones de saneamiento en zonas urbanas a otras 763 800 personas. • Alcanzar el 100% de acceso al agua potable (base 59%). • Alcanzar el 68% de las aguas residuales tratadas (base 42.8%). • Alcanzar el 30% de pérdida de agua (base 41.4%).	Medida para revisar y mejorar la asignación de recursos y la eficiencia del gasto en el sector de acueducto y alcantarillado, así como ajustes a los instrumentos de financiamiento relacionados con el sector de agua potable (tarifas por uso de agua) y manejo de aguas residuales (tarifas retributivas). La política incluye un presupuesto participativo en el que intervienen varias entidades nacionales y que asciende a cerca de 8 millones de USD.
Costa Rica	Proyecto de Ley Sobre Economía Circular	2023	✓	✓	✗	• Integra un enfoque de cadena de valor, incluida la del agua, haciendo hincapié en la reutilización de las aguas residuales tratadas, la utilización de las aguas pluviales y la priorización de medidas para la retención de las aguas pluviales y la infiltración en el suelo. • Crear directrices para la contratación pública, por ejemplo, preferencia por productos con certificación ecológica o soluciones que reduzcan la huella hídrica, como las tecnologías de ahorro de agua o la recogida de agua de lluvia. • Crear directrices sectoriales de ahorro de agua en los sectores de la construcción, la agricultura	Dos áreas principales de financiación: la innovación en la economía circular —incluida la transferencia de tecnología, la creación de clústeres para la innovación y la cooperación entre el sector privado y el mundo académico— y la agricultura menos intensiva en agua, promoviendo la recogida de agua de lluvia, los sistemas de riego eficientes y la reducción de la evaporación, la erosión y la pérdida de nutrientes. Además, establece incentivos para las personas físicas o jurídicas que se dediquen a la reparación, recuperación, tratamiento y reintegración de residuos en los procesos de producción. Estos incentivos son: un crédito fiscal para los intereses pagados por préstamos clasificados como ecológicos por las instituciones financieras, la depreciación

País	Política	Año	Mención explícita de las dimensiones de la economía circular del agua			Objetivos, metas y medidas relacionados con el agua	Mecanismos de financiación generales y específicos en agua
			Reducción	Reutilización y reciclaje	Recuperación		
						y la industria.	acelerada de activos para deducciones en el impuesto sobre la renta y la reducción del 2% en el impuesto sobre la renta.
	Estrategia Nacional de Economía Circular	2023	✓	✓	✗	• Reducir el consumo total de agua en sectores como la agricultura, la ganadería, la silvicultura, la pesca, los hogares y la industria. • Aumentar el uso no consuntivo del agua para la generación de energía. • Aumentar las aguas residuales tratadas. • Promover la reutilización del agua en distintos sectores. • Reducir las pérdidas físicas de agua por parte de los operadores de distribución de agua.	Inversiones en ámbitos estratégicos como la adaptación al cambio climático, la bioeconomía, la digitalización industrial para una economía circular y el emprendimiento ecológico. Creación de organizaciones multilaterales, agencias de financiación y asociaciones multisectoriales para la cofinanciación y marcos financieros centrados en la compensación de los impactos socioambientales.
Perú	Hoja de ruta nacional 2030 para la economía circular	2023	✓	✓	✓	• Implantar plataformas de consumo colaborativo de recursos (por ejemplo, vehículos, maquinaria, espacios de almacenamiento, sistemas de distribución, energía y agua). • Establecer ámbitos prioritarios para la economía circular en el sector del agua y el saneamiento, incluida la reducción y el reciclado de las aguas residuales y de los lodos, y la reducción de las emisiones de gases de efecto invernadero.	Estrategia de financiación que requiere una estimación de los costes de ejecución, los recursos y capacidades técnicas, la identificación de las fuentes de financiación, las principales partes interesadas y los riesgos. Mecanismos de financiación como los canjes de deuda por naturaleza, los fondos mundiales para el desarrollo sostenible, los presupuestos del erario público, los fondos de desarrollo regional y los fondos sectoriales.
	Hoja de ruta hacia una economía circular en agua potable y saneamiento al 2030	2024	✗	✓	✓	Tiene 6 objetivos para 2030: 1. Aumentar en un 20% el presupuesto anual para prácticas circulares en el sector del agua. 2. Reutilizar en un 20% las aguas residuales gestionadas por los operadores. 3. Utilizar un 15% más de biosólidos para la restauración del suelo y la agricultura. 4. Permitir que hasta 20 operadores generen electricidad a partir de fuentes de energía renovables. 5. Adoptar prácticas circulares en hasta el	✗

País	Política	Año	Mención explícita de las dimensiones de la economía circular del agua			Objetivos, metas y medidas relacionados con el agua	Mecanismos de financiación generales y específicos en agua
			Reducción	Reutilización y reciclaje	Recuperación		
						50% de los operadores. 6. Aplicar medidas de conservación en al menos 40 operadores.	
Uruguay	Plan de Acción Nacional de Economía Circular	2019	×	×	×	×	×
	Estrategia Nacional de Economía Circular	2024	✓	✓	✓	El agua como uno de los 5 flujos prioritarios con 6 medidas: • Integrar la circularidad en los instrumentos existentes de planificación de la gestión del agua. • Optimizar y reducir el uso del agua en todos los sectores. • Promover la adopción de tecnologías de recirculación y eficiencia del agua en los sectores agrícola e industrial. • Desplegar tecnologías de medición y control del consumo de agua en los sectores agrícola, industrial y urbano. • Aplicar un tratamiento de las aguas residuales para recuperar nutrientes, calor y materiales. • Fomentar la reutilización de las aguas depuradas para usos no potables como el riego de zonas verdes.	• Instrumentos económicos y financieros para promover la gestión circular del agua. • Estructuras tarifarias que fomenten el uso eficiente del agua, con incentivos para aplicar medidas de conservación. • Herramientas financieras con criterios de circularidad para orientar el crédito y la inversión, fomentando el uso óptimo y la recuperación de recursos.

Nota: entre los países encuestados, Argentina, Honduras y México no tienen una política nacional de economía circular y la Hoja de Ruta de Honduras en economía circular de empaques no está relacionada con el agua. Un ✓ indica que está en su sitio, mientras que un × implica lo contrario.

Fuente: OCDE/BID (2024), Encuesta OCDE/BID sobre Agua y Economía Circular en Países Seleccionados de América Latina.

Marcos del agua que incluyen dimensiones circulares

Los resultados de la encuesta OCDE/BID resaltan que existen dos enfoques políticos para abordar la economía circular del agua. Por un lado, algunos países están desarrollando políticas públicas que, en algunos casos, mencionan el vínculo con el agua o establecen medidas y/o objetivos específicos relacionados con una o más dimensiones de la economía circular del agua. Por otro lado, las políticas e iniciativas sectoriales, principalmente en las políticas de agua y saneamiento y de gestión de los recursos hídricos pero también en las políticas de cambio climático, incorporan consideraciones que potencian dimensiones específicas de la economía circular del agua.

Otro aspecto importante para considerar es que los resultados de la encuesta OCDE/BID también revelan que los países han establecido objetivos y principios relacionados con la reducción y la eficiencia del agua en sus marcos normativos, acompañados del desarrollo de normas, certificaciones e indicadores para su evaluación y seguimiento. Además, muchos países han aplicado instrumentos económicos y normativos, así como medidas de ahorro de agua, tecnologías y modernización de infraestructuras. Por último, también se están mejorando los datos y la información sobre el uso del agua y el desarrollo de capacidades e iniciativas de concienciación en la mayoría de los países. Se han establecido normativas para delimitar los tipos de usos del agua y varios países han realizado estudios y evaluaciones sobre los usos potenciales de las aguas residuales. En menor medida, algunas prácticas fomentan la generación de datos e información sobre la reutilización y el reciclaje del agua e involucran a las partes interesadas en la definición de planes de reutilización urbana. Sin embargo, la recuperación de nutrientes y la generación de energía no están ampliamente consideradas en los marcos legales y normativos actuales.

A continuación se hará una revisión detallada de las iniciativas más relevantes sobre regulación y política pública que se han llevado a cabo en los países encuestados.

Reducir el consumo de agua y utilizarla de forma eficiente

Todos los países encuestados han establecido marcos normativos para promover la reducción y la eficiencia del agua, han fijado objetivos e implementado medidas específicas para controlar las pérdidas, fomentar el reciclaje y optimizar el uso, con notables avances en las leyes y reformas en toda la región.

- En Argentina, el Manejo Ambiental del Régimen de Aguas (Ley No. 25688) establece un presupuesto ambiental mínimo para la preservación, el aprovechamiento y uso racional del agua.
- En Brasil, la Ley N.° 11 445/2007 (modificada por la Ley N.° 14 026/2020) establece la "reducción y control de las pérdidas de agua, la promoción de la eficiencia energética, el reciclaje de efluentes sanitarios y la recogida de aguas pluviales". La Agencia Nacional de Aguas y Saneamiento establece normas para la reducción y el control de las pérdidas de agua. La Ordenanza N.º 490 de 2021 establece plazos concretos y resultados previstos, proponiendo una reducción sustancial del 90% de las pérdidas entre 2025 y 2026.
- En Chile, la reforma del Código de Aguas (Ley N.° 21 435 de 2023) promueve un equilibrio entre eficiencia y seguridad en los usos productivos del agua. El Proyecto de Ley N.° 13179-09 de 2020 fomenta el uso racional del agua en el sector productivo.
- En Colombia, la Ley N.° 373 de 1997 define metas anuales de reducción de pérdidas en los sistemas de acueductos e integra programas de eficiencia hídrica en los planes regionales y municipales. Además, la Política Nacional para la Gestión Integral del Recurso Hídrico 2010-2022 establece el principio de "ahorro y uso eficiente" del agua.
- La Ley de Aguas de Costa Rica aborda la eficiencia hídrica, establece medidas para hacer frente a la escasez y promueve la racionalización.

- En Honduras, la Ley del Sector de Agua y Saneamiento identifica al desperdicio de agua como una actividad no autorizada sujeta a infracción, penalizando los comportamientos que afectan al uso autorizado del agua. También instruye a los proveedores de servicio a informar a los usuarios sobre los beneficios del uso de dispositivos sanitarios de bajo consumo de agua.
- En México, la Ley General del Equilibrio Ecológico y la Protección al Ambiente obliga a las autoridades a promover la conservación del agua. La CONAGUA promueve el uso eficiente del agua y gestiona los patrones de consumo.
- En Paraguay, la Ley N.° 1614 de 2000 establece el marco normativo para la reducción de las pérdidas de agua. La Ley de Recursos Hídricos N.° 3239 de 2007 y el Plan Nacional de Agua Potable y Saneamiento 2023 promueven un uso racional y eficiente del agua.
- En Perú, la Ley de Recursos Hídricos establece la eficiencia hídrica como principio fundamental, y la Ley Marco de Gestión y Prestación de Servicios de Saneamiento prioriza la eficiencia en la prestación del servicio.
- En Uruguay, el Código de Aguas y el Decreto N.° 253/979 hacen hincapié en la responsabilidad del Estado y de los operadores de promover la conservación y el uso eficiente del agua.

Con respecto a los instrumentos económicos y financieros para incentivar la reducción del uso del agua, la mitad de los países encuestados utilizan medidas como multas, tasas por uso y fondos específicos para promover la gestión eficiente del agua en diversos sectores. En Brasil, el Decreto N.º 11 599/2023 asigna ayudas financieras para reducir las pérdidas de agua tratada con objetivos que deben fijar los municipios en los instrumentos de planificación. Costa Rica utiliza la Tasa por Utilización del Agua (Decreto Ejecutivo N.º 32868-MINAE) para incentivar la mejora de la gestión en distintos sectores, incluidos el consumo humano, la agricultura y las industrias. Honduras aborda el despilfarro de agua a través de la Ley Marco del Sector de Agua Potable y Saneamiento (N.° 118-2003) imponiendo multas. En Perú, el Decreto Ley 1284 establece un Fondo de Inversión en Agua Segura que proporciona apoyo financiero para programas y proyectos que mejoren la eficiencia económica y operativa de los proveedores de servicios de saneamiento. En Uruguay, la Política Nacional del Agua aboga por el uso racional del agua a través de aspectos culturales y educativos e introduce el cobro por uso como instrumento económico para fomentar la utilización eficiente.

La mayoría de los países han puesto en marcha medidas para modernizar las infraestructuras y adoptar nuevas tecnologías destinadas a mejorar la eficiencia hídrica, con iniciativas que van desde proyectos de eficiencia energética hasta la adopción de herramientas digitales y tecnologías de bajo consumo. Un ejemplo es Brasil y su Proyecto de Eficiencia Energética en el Abastecimiento de Agua y el proyecto piloto "Plataforma Digital Sabiá" que implementan medidas de eficiencia energética y aprovechan las nuevas tecnologías para optimizar el uso del agua. En Colombia, la Política Nacional para la Gestión Integral del Recurso Hídrico y su Plan de Acción fomentan la adopción de tecnologías que promuevan el ahorro de agua, junto con la mejora de las infraestructuras obsoletas. Asimismo, la Ley N.° 373 de 1997 y el Plan Nacional de Desarrollo 2022-2026 abogan por la adopción de tecnologías de bajo consumo de agua, la digitalización, la medición inteligente y la innovación en el sector del agua y el saneamiento. Costa Rica, a través del Decreto _N.º 30413 y el Código de Instalaciones Hidráulicas y Sanitarias en Edificaciones, establece objetivos para la ampliación y mejora de las infraestructuras, incluidas las plantas de depuración y tratamiento de agua. Honduras, en virtud de la Ley General de Aguas (N.º 181-2009), aborda las infraestructuras creando incentivos para la aplicación de tecnologías que reduzcan el uso y el consumo de agua. En México, la Ley General del Equilibrio Ecológico y la Protección al Ambiente asigna a las autoridades la responsabilidad de promover medidas de ahorro de agua. En Perú, las iniciativas de la Política Nacional de Recursos Hídricos y el Plan Nacional de Recursos Hídricos se centran en la modernización de los sistemas de distribución y riego, el establecimiento de parámetros de eficiencia y el fomento de la investigación y la aplicación de tecnologías para el uso eficiente del agua. En Uruguay, el Plan Nacional del Agua (Decreto N.° 205/2017) y la Ley de Gestión Integral de Residuos incentivan el uso de tecnologías eficientes para los insumos, incluidos el agua y la energía. La Empresa Nacional de Agua Potable y Saneamiento de Uruguay adoptó técnicas de reducción de pérdidas de agua dentro de 2 plantas de tratamiento de agua entre 2013 y 2019, lo que resultó en un ahorro acumulado de 893 millones de m^3.

Dentro de las medidas menos utilizadas para la reducción y la reutilización están los enfoques basados en datos y las iniciativas de capacitación. Colombia es un ejemplo de lo contrario con la Ley N.° 373 de 1997 que establece campañas educativas para concienciar a la población. Además, la *Guía para el ahorro y uso eficiente del agua* proporciona directrices específicas a las autoridades medioambientales y a los concesionarios de agua para planificar y aplicar medidas que mejoren el uso eficiente del agua. Esta iniciativa se centra en el desarrollo de capacidades, garantizando que las partes interesadas tengan los conocimientos y habilidades necesarios para contribuir activamente a los esfuerzos de conservación del agua. En Costa Rica, las Cuentas Ambientales del Banco Central incluyen una cuenta del agua, proporcionando datos y métricas esenciales para comprender mejor los patrones de uso del agua e identificar áreas de mejora. En 2023, Paraguay introdujo el Sistema de Información del Agua, una plataforma web prevista para facilitar la generación de una gestión eficiente y sostenible de los recursos hídricos (GPSDD, 2023[18]). Del mismo modo, Honduras utiliza la plataforma Agua de Honduras para proporcionar información fiable y gratuita sobre los recursos hídricos, combinando métodos científicos y tecnología digital para apoyar una toma de decisiones más eficiente en la gestión del agua. Además, la Ley Marco del Sector de Agua Potable y Saneamiento (N.º 118-2003) busca educar a los usuarios sobre las ventajas de adoptar hábitos de bajo consumo.

Reutilizar el agua y reciclar las aguas residuales tratadas

Bajo este rubro es importante revisar los ejemplos de normativas que promueven la gestión sostenible de los recursos hídricos mediante la reutilización de aguas no tratadas (por ejemplo, la recogida de aguas pluviales) y el reciclado de aguas residuales tratadas. En el ámbito del reciclaje, la Ley de Cambio Climático de Colombia y la Resolución N.° 1256 establecen objetivos para el uso de aguas residuales tratadas en aplicaciones domésticas. Costa Rica también aplica normas de tratamiento y responsabilidad en la gestión de las aguas residuales en varios sectores. En cuanto al uso agrícola, en Argentina, los Principios Rectores de la Política de Aguas hacen hincapié en la defensa del reciclaje del agua, con resoluciones regionales centradas en las aplicaciones agrícolas, mientras que la Ley Nacional de Aguas de México apoya el reciclaje de las aguas residuales municipales para la agricultura, garantizando el cumplimiento de las normas sanitarias. Del mismo modo, las leyes de Brasil fomentan el reciclaje de efluentes sanitarios, la recogida de aguas pluviales y la reutilización de aguas grises en entornos urbanos y agrícolas. El Plan Nacional de Recursos Hídricos y el amplio marco jurídico de Perú alinean el reciclaje de aguas residuales con la mejora de la disponibilidad de recursos hídricos y la protección del medio ambiente. El reciclaje de aguas residuales industriales se destaca en el Plan Nacional 2023 de Paraguay, que apoya las tecnologías de aguas residuales en desarrollos urbanos e industriales. Por último, Chile y Honduras se centran en incentivar la reutilización de aguas grises y el reciclaje regulado para la preservación ecológica y las aplicaciones urbanas, y Honduras se centra además en la educación ambiental y la recarga de acuíferos.

La mitad de los países encuestados adoptó normas para el reciclaje de aguas residuales. En Brasil, la ANA establece normas de referencia para el reciclado de efluentes sanitarios, alineándolas con las normas ambientales y de salud pública. Costa Rica, a través del Reglamento de Descarga y Reúso de Aguas Residuales (Decreto No. 33601), define los límites máximos permisibles para la descarga y reciclaje de aguas residuales provenientes de actividades comerciales, industriales y de servicios. En México, la NOM-006-CONAGUA-1997 establece límites máximos permisibles de contaminantes para garantizar el reciclaje seguro de las aguas residuales en los servicios públicos, contribuyendo a la protección de la salud pública y el medio ambiente. En Paraguay, la Resolución N.° 222 de 2002 especifica los diferentes tipos de agua tratada para el abastecimiento doméstico, mientras que la Ley N.° 5428/2015 define los requisitos técnicos para el tratamiento de efluentes y las normas específicas para el reciclaje de efluentes de aguas residuales. Del mismo modo, en Perú, el Decreto Supremo N.º 003-2010-MINAM aprueba los límites máximos permisibles para los efluentes de las plantas de tratamiento de aguas residuales domésticas o municipales, y ordena el establecimiento de un programa de monitoreo en estas plantas, reforzando el compromiso de mantener los estándares de calidad del agua en las aguas residuales recicladas.

Algunos países llevaron a cabo investigaciones y evaluaciones para comprender las oportunidades y los retos asociados al reciclaje de aguas residuales. En Argentina, una evaluación realizada en 2023 por la Secretaría de Infraestructura y Política Hídrica destacó la necesidad crítica de un Plan Nacional de Tratamiento de Aguas Residuales. Este estudio sirve como paso fundamental hacia el reconocimiento de la importancia de la gestión de las aguas residuales y el desarrollo de planes estratégicos para su tratamiento y reciclaje. En Colombia, el Plan Maestro de Agua y Saneamiento Básico 2018-2030 emprendió una revisión de la normativa para facilitar el reciclaje del agua. Además, la Política de Crecimiento Verde CONPES 3934 de Colombia diagnosticó las ineficiencias en el uso de los recursos hídricos y abogó por una mayor reutilización de las aguas grises y pluviales, priorizando la importancia de mejorar la eficiencia en el uso del agua y el tratamiento de las aguas residuales. El Plan Nacional de Desarrollo 2022-2026 de Colombia insta a elaborar un estudio que analice y documente las técnicas de reutilización y reciclaje de las aguas residuales domésticas, industriales, agrícolas y pluviales.

Otras prácticas se centran en incentivos económicos, datos e información y participación de las partes interesadas. En Costa Rica, la Política Nacional de Saneamiento de Aguas Residuales 2016-2045 incluye dos acciones estratégicas. En primer lugar, pretende establecer un sistema nacional de información sobre vertidos y reciclaje de aguas con el objetivo de lograr su plena operatividad en 2025, destacando la importancia de los datos y la información. En segundo lugar prevé desarrollar una estrategia para la reutilización y el reciclaje seguros y valorizados de las aguas residuales, implicando activamente a las partes interesadas en el proceso de toma de decisiones. En Honduras, la Ley General de Aguas (N.° 181-2009) designa a la Autoridad del Agua como responsable de crear incentivos para fomentar la implementación de sistemas de reciclaje de aguas residuales. Este enfoque reconoce la importancia de ofrecer incentivos y apoyo para promover prácticas sostenibles en materia de aguas residuales. En Perú, el Programa Nacional de Desarrollo e Innovación Tecnológica ProInnóvate, establecido por el Decreto Supremo N.º 009-2021-PRODUCE, se centra en mejorar la capacidad de los funcionarios municipales en el reciclaje de aguas residuales. El programa aborda la necesidad del desarrollo de habilidades, adopción de tecnología y financiación para apoyar iniciativas eficaces de reciclaje de aguas residuales.

Recuperar energía y materiales del tratamiento de aguas residuales

La mitad de los países encuestados aplica normas y reglamentos para garantizar la gestión sostenible de subproductos como los lodos y los biosólidos procedentes de las plantas de tratamiento de aguas residuales. Estas medidas incluyen criterios para su uso, gestión o eliminación, así como la creación de bases de datos para el seguimiento de dichos subproductos. Argentina, a través de la Resolución N.° 410/2018, estableció criterios nacionales para la gestión de lodos y biosólidos, permitiendo su uso en forestación, floricultura y restauración del paisaje, entre otros. La resolución también insta a la creación de una base de datos para estos subproductos. Chile estableció las condiciones bajo las cuales los lodos pueden ser recuperados y reutilizados como compost en el Decreto N.° 4 de 2009. Por us parte, el Decreto N.° 1287 de 2014 de Colombia establece criterios para el uso de biosólidos, mientras que el Plan Nacional de Desarrollo 2022-2026 fomenta alternativas para el reciclaje de subproductos. En Costa Rica, la Ley de Gestión Integral de Residuos y su Reglamento abordan los residuos procedentes de la gestión del agua, promoviendo la reducción, la reutilización y el reciclaje, así como la valorización. El Reglamento para la Gestión y Disposición Final de Lodos y Biosólidos de Costa Rica se centra en la gestión responsable de los residuos y la reducción de la huella ambiental. En Paraguay, la Ley N.° 5428 de 2015 establece regulaciones o normas específicas para el reciclaje de efluentes cloacales. Y finalmente, el Decreto

Supremo N.° 015-2017-VIVIENDA de Perú regula la reutilización de lodos como biosólidos en diversas actividades, promoviendo su uso en agricultura, industria, silvicultura y cerámica.

Los países están dando pasos hacia un enfoque integral de la generación de energía y la descarbonización del sector del agua y el saneamiento. En Chile, la empresa Aguas Andinas introdujo biofábricas como solución de economía circular en 2017, transformando las aguas residuales en electricidad, gas natural y fertilizantes para fines agrícolas (Aguas Andinas, 2022[19]). Además, la Agenda de Saneamiento 2030 tiene como objetivo reducir la huella de carbono del sector del saneamiento y promover la economía circular en la gestión de los recursos hídricos para 2030 (Gobierno de Chile, 2023[20]). En Colombia, la Ley N.° 2169 de 2021, Ley de Cambio Climático, se centra en reducir las emisiones de gases de efecto invernadero ampliando la cobertura de la gestión de aguas residuales domésticas y utilizando biogás en las plantas de tratamiento de aguas residuales con tecnologías anaeróbicas. El Plan Nacional de Desarrollo 2022-2026 aborda el tratamiento de las aguas residuales industriales para evitar las emisiones de metano y satisfacer la demanda energética de las plantas de tratamiento de aguas residuales. El Plan Nacional de Descarbonización de Costa Rica de 2018 a 2050 subraya la importancia de la gestión eficaz de las aguas residuales y los residuos líquidos, y su reutilización para impulsar los esfuerzos de reducción de emisiones. En Paraguay, la Ley N.° 5428 de 2015 establece normas específicas en el uso de aguas residuales para la generación de energía no convencional bajo la responsabilidad del Ministerio de Ambiente y Desarrollo Sostenible.

Brechas en la gobernanza

Los resultados de la encuesta fueron muy claros en cuanto a los retos para la transición de un agua lineal a una circular: las brechas normativas (50%), los recursos financieros insuficientes (40%) y la fragmentación institucional (40%) (OCDE, 2023[21]) (Figura 2.1).

Figura 2.1 Retos para la economía circular del agua en los países latinoamericanos encuestados

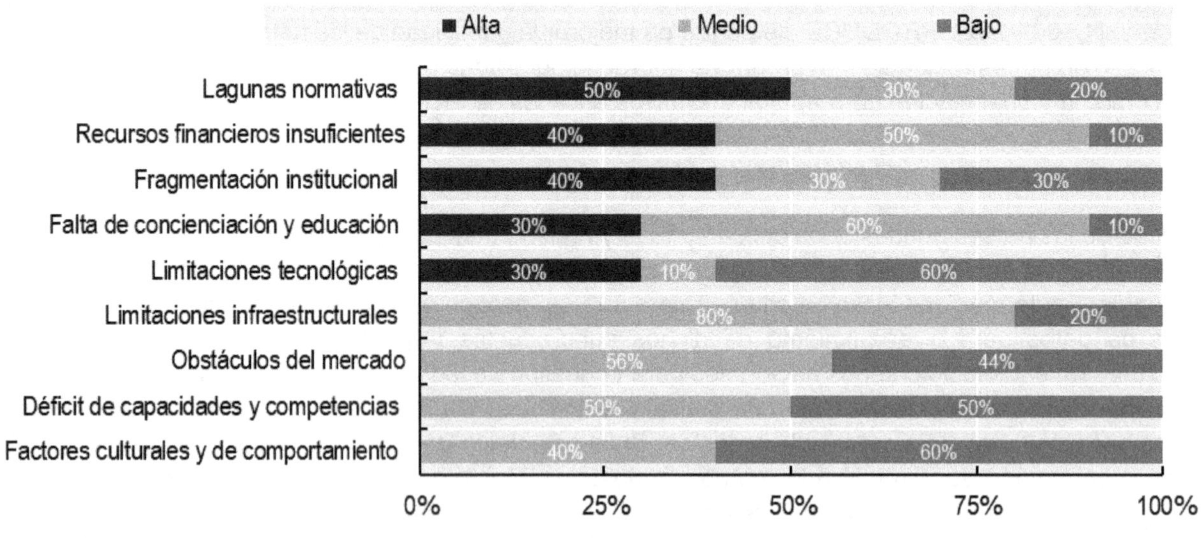

Nota: los países clasificaron los obstáculos de mayor a menor importancia, utilizando una escala de 1 a 9.
Fuente: OCDE/BID (2023), Encuesta OCDE/BID sobre Agua y Economía Circular en Países Seleccionados de América Latina y el Caribe.

- **Brechas normativas**. La falta de regulaciones claras impide el progreso hacia una economía circular del agua, ya que los marcos regulatorios existentes pueden quedarse cortos al abordar los matices de las prácticas de la economía circular. Cuatro países (Argentina, Brasil, Costa Rica y México) reportaron que las brechas regulatorias y de política pública son su principal reto. Solo la mitad de los países, incluidos Argentina, Colombia, Costa Rica, Paraguay y Perú, aplican normas y reglamentos para garantizar la gestión sostenible de subproductos como lodos y biosólidos. Por otro lado, sólo 4 países (Chile, Colombia, Costa Rica y Paraguay) están dando pasos hacia un enfoque integral de la generación de energía y la descarbonización del sector del agua y el saneamiento. Otro de los obstáculos es que la existencia de normativas contradictorias dificulta la aplicación fluida de las iniciativas de agua circular. Por ejemplo, en Perú, mientras que el regulador de agua y saneamiento SUNASS opera bajo un plan estratégico que tiene como objetivo optimizar el uso del agua y promover la sostenibilidad, siguen existiendo importantes desafíos para traducir estas ambiciones en la práctica. La falta de capacidad técnica, los limitados mecanismos de aplicación y la insuficiente integración con políticas más amplias han obstaculizado avances tangibles para que SUNASS priorice los principios de la economía circular.

- **Financiación e incentivos financieros insuficientes**. El éxito hacia la transición requiere importantes inversiones en tecnologías de vanguardia, mejoras de las infraestructuras y programas de formación exhaustivos. La falta de incentivos financieros sólidos o de apoyo por parte de organismos gubernamentales e institucionales representa un gran obstáculo, así lo subrayan Chile, Colombia y Uruguay. Mientras que la mitad de los países cuentan con incentivos económicos para fomentar la reducción del uso del agua, siguen siendo necesarios instrumentos económicos para promover el reciclaje de las aguas residuales tratadas y la recirculación de los subproductos. Honduras destaca como el único país cuya Ley General de Aguas impulsa la creación de incentivos para fomentar la implantación de sistemas de reciclaje de aguas residuales.
- **Fragmentación institucional**. La gestión circular del agua requiere una visión holística, es decir, alinearse con las políticas de energía, residuos, agricultura, urbanismo, etc. actualmente en peligro por la fragmentación institucional, por lo que es necesario establecer mecanismos de coordinación entre departamentos y niveles de gobierno. Ninguno de los países analizados presenta mecanismos de coordinación específicos, esto se identifica como el principal reto en Paraguay y Perú.
- **Falta de concienciación, educación y datos.** Finalmente, y como el cuarto reto crítico, los países se enfrentan a la falta de concienciación entre las partes interesadas. No cabe duda de que un paso clave para la transición será mediante acciones de sensibilización pública y desarrollo de capacidades entre los profesionales y los responsables políticos. Perú y Uruguay, a través de la iniciativa ProInnóvate y la Estrategia Nacional de Economía Circular, respectivamente, destacan como los únicos países que han llevado a cabo acciones para el desarrollo de capacidades. Honduras identifica la falta de concienciación como el principal reto en el país. Por otra parte, además de la concienciación y educación está la recopilación de datos y el seguimiento que siguen siendo insuficientes, especialmente a nivel subnacional. Por ejemplo, en Colombia, la Comisión de Regulación de Agua Potable y Saneamiento Básico introdujo indicadores de rendimiento como el Índice de Pérdidas por Usuario Facturado Estándar[2] que mide las pérdidas de agua comerciales y técnicas y establece objetivos regulatorios. Sin embargo, la evaluación del cumplimiento revela importantes lagunas de datos, ya que aproximadamente el 55% de los grandes proveedores y el 85% de los medianos carecen de datos suficientes para evaluar el cumplimiento.

Tomando como base los Principios de la OCDE sobre la Gobernanza del Agua (Recuadro 2.3), la mejora de la coherencia política y el establecimiento de funciones y responsabilidades claras surgieron como las principales dimensiones de gobernanza (Figura 2.2). Además, 7 de cada 10 países encuestados destacaron los marcos normativos y la financiación como aspectos de gobernanza relevantes.

Figura 2.2. Dimensiones prioritarias de gobernanza para la economía circular del agua en los países latinoamericanos encuestados

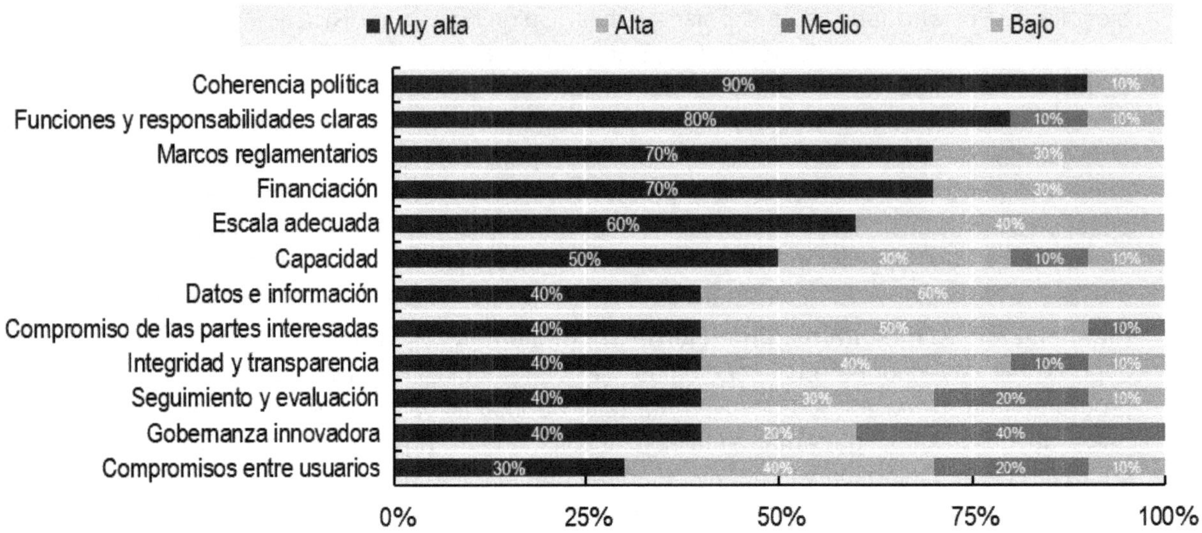

Nota: los países evaluaron las dimensiones de gobernanza en una escala de 1 a 4, donde 4 denota el nivel más alto.
Fuente: OCDE/BID (2024), Encuesta OCDE/BID sobre Agua y Economía Circular en Países Seleccionados de América Latina.

Recuadro 2.3. Principios de Gobernanza del Agua de la OCDE

Los Principios de la OCDE sobre la Gobernanza del Agua (Figura 2.3) pretenden mejorar los sistemas de gobernanza del agua para gestionar el agua "en exceso, escasa y contaminada" y fomentar el acceso universal al agua potable y al saneamiento de forma sostenible, integrada e inclusiva, a un coste aceptable y en un plazo razonable. Apoyan sistemas de gobernanza del agua eficaces, eficientes e inclusivos de la siguiente manera:

Figura 2.3. Principios de Gobernanza del Agua de la OCDE

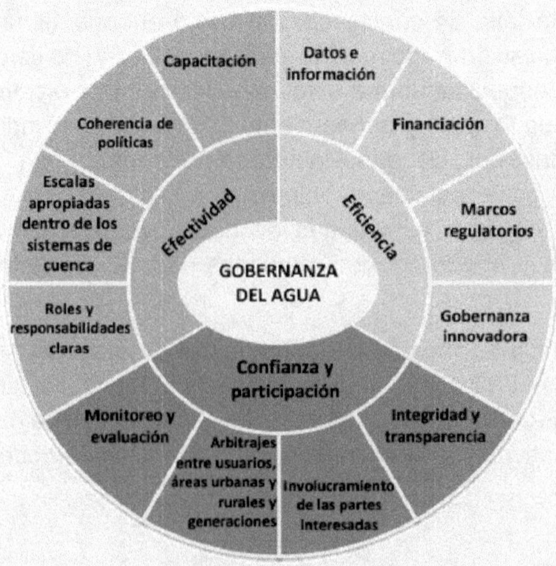

La gobernanza es eficaz cuando establece metas y objetivos políticos claros, garantiza su aplicación y logra los resultados esperados.

- **Principio 1.** Asignar y distinguir claramente las funciones y responsabilidades en materia de formulación de políticas públicas del agua, aplicación de políticas públicas, gestión operativa y regulación, y fomentar la coordinación entre estas autoridades responsables.
- **Principio 2.** Gestionar el agua a escala adecuada dentro de los sistemas integrados de gobernanza de cuencas para reflejar las condiciones locales, y fomentar la coordinación entre las diferentes escalas.
- **Principio 3.** Fomentar la coherencia política mediante una coordinación intersectorial eficaz, especialmente entre las políticas públicas de agua y medio ambiente, saneamiento, energía, agricultura, industria, ordenación territorial y uso del suelo.
- **Principio 4.** Adaptar el nivel de capacidad de las autoridades responsables a la complejidad de los retos hídricos que deben afrontar y al conjunto de competencias necesarias para desempeñar sus funciones.

La eficiencia implica maximizar los beneficios minimizando los costes para la sociedad.

- **Principio 5.** Producir, actualizar y compartir datos e información oportunos, coherentes, comparables y relevantes para las políticas sobre el agua, y utilizarlos para orientar, evaluar y mejorar la política del agua.
- **Principio 6.** Garantizar que los acuerdos de gobernanza ayuden a movilizar la financiación del agua y a asignar los recursos financieros de forma eficiente, transparente y oportuna.
- **Principio 7.** Garantizar la aplicación y el cumplimiento efectivos de marcos normativos sólidos en materia de gestión del agua en aras del interés público.
- **Principio 8.** Promover la adopción y aplicación de prácticas innovadoras de gobernanza del agua entre las autoridades responsables, los niveles de gobierno y las partes interesadas pertinentes.

La confianza y el compromiso se centran en fomentar la confianza pública y la inclusión a través de la legitimidad democrática y la equidad.

- **Principio 9.** Incorporar las prácticas de integridad y transparencia en las políticas públicas del agua, las instituciones del agua y los marcos de gobernanza del agua para una mayor responsabilidad y confianza en la toma de decisiones.
- **Principio 10.** Promover la participación de las partes interesadas para que contribuyan con conocimiento de causa y estén orientadas a los resultados, al diseño y la aplicación de las políticas públicas del agua.
- **Principio 11.** Fomentar marcos de gobernanza del agua que ayuden a gestionar las compensaciones entre usuarios del agua, zonas rurales y urbanas y generaciones.
- **Principio 12.** Promover el seguimiento y la evaluación periódicos de la política pública y la gobernanza del agua cuando proceda, compartir los resultados con el público y realizar los ajustes necesarios.

Fuente: OCDE (2015), Principios de la OCDE sobre la gobernanza del agua, http://www.oecd.org/cfe/regional-policy/OECD-Principles-on-WaterGovernance.pdf.

Referencias

Aguas Andinas (2022), *Report Integrado 2022*, https://www.aguasandinasinversionistas.cl/~/media/Files/A/Aguas-IR-v2/2023/reporte/Reporte%20Integrado%20Aguas%20Andinas%202022%201.pdf. [19]

ARS (2019), *Estrategia Nacional de Eocnomía Circular*, http://ars.org.ar/destacados/estrategia-ancional-de-economia-circular/ (accessed on 18 December 2023). [2]

CDMX (s.f.), *Ley de Economía Circular de la Ciudad de Mexico*, https://plazapublica.cdmx.gob.mx/uploads/decidim/attachment/file/698/Ley_de_Econom%C3%ADa_Circular_de_la_Ciudad_de_M%C3%A9xico.pdf. [12]

Ciudad de Buenos Aires (2024), *2024-2028 Primera Estrategia de Economía Circular de la Ciudad de Buenos Aires*, https://buenosaires.gob.ar/sites/default/files/2024-08/Estrategia%20Economia%20Circular%202024-2028.pdf. [3]

Gobierno de Brasil (2024), *Estratégia Nacional de Economia Circular*, https://www.planalto.gov.br/ccivil_03/_ato2023-2026/2024/decreto/d12082.htm. [6]

Gobierno de Chile (2023), *Agenda Sanitario 2030*, http://www.sectorsanitario2030.cl/. [20]

Gobierno de Costa Rica (2023), *Proyecto de Ley de la Economía Circular en Costa Rica*, https://d1qqtien6gys07.cloudfront.net/wp-content/uploads/2023/07/23847.pdf (accessed on 8 November 2023). [9]

Gobierno de México (2024), *Bases para la Elaboración de un Diagnóstico de la Estrategia Nacional de Economía Circular en México*, https://www.gob.mx/semarnat/prensa/semarnat-presenta-las-bases-del-diagnostico-para-transitar-a-una-economia-circular. [11]

Gobierno de México (2023), *Trabaja Semarnat en Estrategia Nacional de Economía Circular*, https://www.gob.mx/semarnat/prensa/trabaja-semarnat-en-estrategia-nacional-de-economia-circular?idiom=es. [10]

Gobierno de Perú (2023), *Ministerio del Ambiente lanza oficialmente la Coalición Nacional de Economía Circular*, https://www.gob.pe/institucion/minam/noticias/813231-ministerio-del-ambiente-lanza-oficialmente-la-coalicion-nacional-de-economia-circular. [15]

Government of Chile (2021), *ROADMAP FOR A CIRCLAR CHILE BY 2040*, https://economiacircular.mma.gob.cl/wp-content/uploads/2022/01/HOJA-DE-RUTA-PARA-UN-CHILE-CIRCULAR-AL-2040-EN.pdf. [7]

GPSDD (2023), *Towards a Water Information System in Paraguay*, https://www.sdsntrends.org/files/s/water_information_system_eng.pdf. [18]

MIDR (2021), *Rota da Economia Circular*, https://www.gov.br/mdr/pt-br/assuntos/desenvolvimento-regional/rotas-de-integracao-nacional/rota-da-economia-circular. [4]

MINAM (2023), *Proyecto de Hoja de Ruta de Economía Circular al 2030*, https://www.gob.pe/institucion/minam/normas-legales/4880223-351-2023-minam (accessed on 1 December 2023). [16]

MINAM (2021), *Conoce los compromisos del Pacto Peruano por una Economía Circular*, https://www.gob.pe/institucion/minam/noticias/509846-conoce-los-compromisos-del-pacto-peruano-por-una-economia-circular. [14]

Ministerio de Industria y Comercio (2024), *Hoja de Ruta de la Economía Circular de Envases*, https://www.mic.gov.py/hoja-de-ruta-de-la-economia-circular-de-envases-por-un-nuevo-modelo-de-produccion-y-consumo/. [13]

Ministerio de Medio Ambiente (2019), *Estrategia Nacional de Economía Circular*. [8]

Ministerio de Medio Ambiente y Desarrollo Sostenible (2021), *Estrategia Nacional de Consumo y Producción Sostenibles*, https://www.argentina.gob.ar/sites/default/files/encps_1.pdf. [1]

OCDE (2023), *OECD Survey on Water and Circular Economy in Selected Countries of Latin America and the Caribbean*. [21]

OECD (2020), *The Circular Economy in Cities and Regions: Synthesis Report*, OECD Urban Studies, OECD Publishing, Paris, https://doi.org/10.1787/10ac6ae4-en. [17]

Senado Federal de Brasil (2022), *Projeto de Lei n° 1874, de 2022: Institui a Política Nacional de Economia Circular.*, https://www25.senado.leg.br/web/atividade/materias/-/materia/153918. [5]

Notas

[1] La encuesta recabó 51 respuestas de ciudades y regiones de toda Europa (38), América del Norte y del Sur (10), Oceanía (2) y Asia (1).

[2] El Índice de Pérdidas por Usuario Facturado Estándar es el Índice de Pérdidas por Usuario Facturado Estándar (expresado en m^3 / usuario / mes) correspondiente al volumen medio de agua por usuario que se pierde en la red, ya sea por pérdidas técnicas o comerciales. La norma reglamentaria para este indicador es de 6 m^3 / usuario / mes.

3 La transición hacia la economía circular del agua en América Latina

Este apartado presenta una hoja de ruta para la transición hacia la economía circular del agua en América Latina, abordando las brechas de gobernanza identificadas a través del análisis de la encuesta en el Capítulo 2. La hoja de ruta se centra en 3 áreas clave de gobernanza. La primera se refiere a los marcos regulatorios y políticos para establecer estructuras legales claras y de apoyo. Otra área son las herramientas financieras y económicas para modelos de negocio innovadores, esto para asignar fondos de manera más eficiente, minimizar las necesidades y generar ingresos. Y finalmente está el compromiso de las partes interesadas y el desarrollo de capacidades para garantizar la concienciación y aceptación públicas, al tiempo que se dota a los profesionales de los conocimientos necesarios y se refuerza simultáneamente la transparencia. Dentro de estas áreas clave, la hoja de ruta propone 13 acciones concretas para mejorar la eficiencia hídrica, promover la recuperación de recursos y aumentar la resiliencia, ofreciendo un camino práctico hacia la gestión circular del agua en la región.

Hoja de ruta para la transición a la economía circular del agua en América Latina

Después de hacer un análisis exhaustivo del estado del arte en los 10 países seleccionados de América Latina y como parte final de este reporte se propone una hoja de ruta que aborda las brechas de gobernanza identificadas en el capítulo anterior (Figura 3.1). La hoja de ruta se centra en 3 áreas clave de gobernanza. La primera tiene que ver con los marcos regulatorios y políticos que establezcan estructuras legales claras y de apoyo. La segunda área de gobernanza se refiere a las herramientas financieras y económicas para modelos de negocio innovadores que asignen fondos de forma más eficiente, minimizar las necesidades y generar ingresos. Y la tercera y última es el compromiso de las partes interesadas y el desarrollo de capacidades para garantizar la concienciación y aceptación pública, al tiempo que se dota a los profesionales de los conocimientos necesarios y se refuerza simultáneamente la transparencia. Dentro de estas áreas clave, la hoja propone 13 acciones concretas para mejorar la eficiencia hídrica, promover la recuperación de recursos y aumentar la resiliencia, ofreciendo así un camino práctico hacia la gestión circular del agua en la región.

Figura 3.1 Hoja de ruta para la transición hacia la economía circular del agua en América Latina

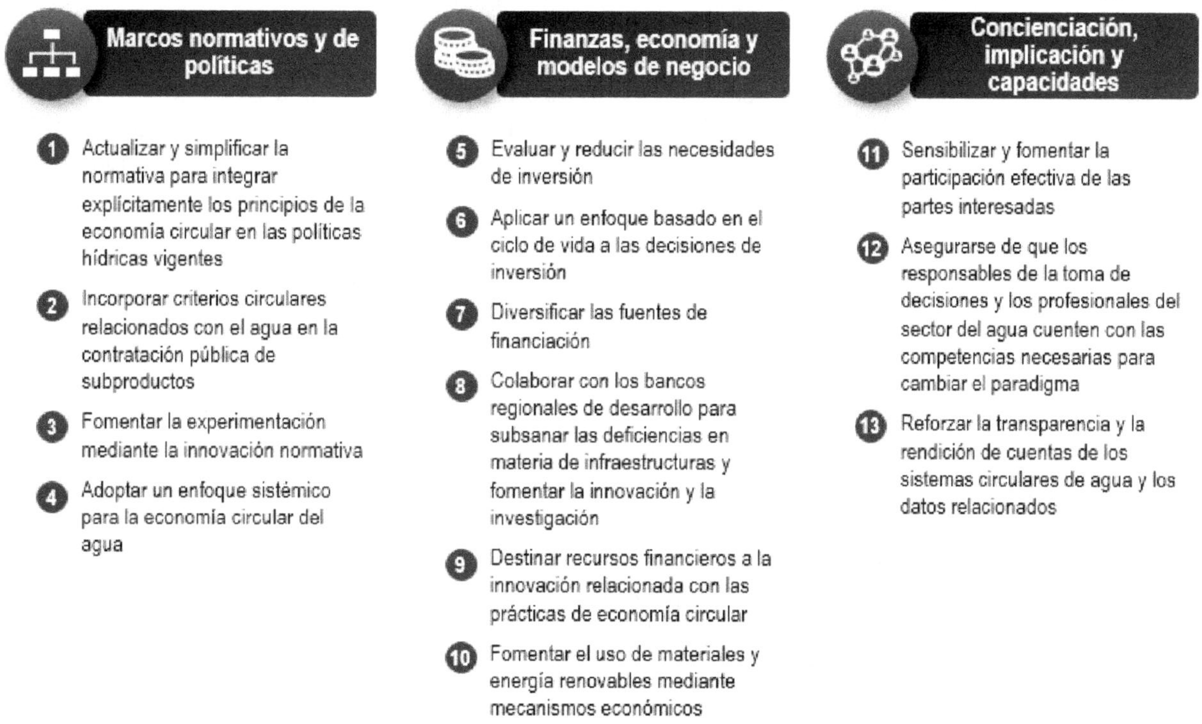

Fuente: elaboración propia.

Reforzar los marcos normativos y políticos

Acción 1. Actualizar y racionalizar la normativa para integrar los principios de la economía circular en las políticas públicas existentes del agua

Los países de América Latina deben identificar las lagunas, y actualizar y racionalizar sus normativas para integrar explícitamente los principios requeridos en la economía circular. Entre los mecanismos concretos figuran el establecimiento de normas claras para la reutilización y el reciclado del agua y los materiales, la creación de estructuras para el comercio de energía y subproductos recuperados de las plantas de tratamiento, y la incorporación de objetivos de economía circular en las políticas nacionales y regionales del agua. Un ejemplo de enfoque holístico está en Europa, específicamente en un conjunto de normativas y políticas, incluida una política pública específica de economía circular y diversas políticas públicas relacionadas con el agua, que abarcan la gestión de las aguas residuales urbanas, la reutilización del agua, la gestión de los lodos de plantas de tratamiento de aguas residuales y las energías renovables (Recuadro 3.1).

Recuadro 3.1 Marco normativo que facilita la economía circular del agua en Europa

La Comisión Europea estableció normativas relacionadas con la reutilización del agua y las aguas residuales, y la recuperación de materiales y energía. De esta manera destaca la importancia de los principios de la economía circular y los objetivos climáticos en el sector del agua en consonancia con el Pacto Verde Europeo de 2020 que aspira a una UE neutra en carbono para 2050. En 2020, el Plan de Acción de Economía Circular, un componente clave del marco de aceleración del Pacto Verde Europeo, materializó los esfuerzos para la transición a una economía circular. El plan se centra en los sectores que consumen más recursos y en los que el potencial de circularidad es elevado. En concreto, el plan identifica 7 cadenas de valor, incluyendo "alimentos, agua y nutrientes". Plantea la necesidad de contar con enfoques circulares para la reutilización del agua en la agricultura a través del Reglamento de Reutilización del Agua, el desarrollo de un Plan de Gestión Integrada de Nutrientes, así como la revisión de las directivas sobre tratamiento de aguas residuales y lodos. Al momento se ven los siguientes resultados:

- En noviembre de 2024, el Consejo Europeo adoptó la nueva Directiva de la UE sobre el tratamiento de las aguas residuales urbanas. La Directiva introduce objetivos más estrictos para ampliar el alcance del tratamiento de las aguas residuales, abordar más contaminantes y avanzar hacia la neutralidad energética. Por ejemplo, se va a reducir el umbral de recogida y el tratamiento será obligatorio para las aguas residuales, garantizando que para 2035 todas las aguas residuales domésticas estén conectadas a sistemas de tratamiento. Para el mismo año será también forzoso el tratamiento secundario para eliminar la materia orgánica biodegradable, con exenciones para los Estados miembro que necesiten inversiones importantes o aquellos que hayan realizado esfuerzos recientes para cumplir la normativa. En 2039, las plantas de tratamiento de aguas residuales urbanas que gestionen cargas iguales o superiores a 150 000 m^3 deberán aplicar un tratamiento terciario para eliminar el nitrógeno y fósforo, y en 2045 se exigirá un tratamiento cuaternario para los microcontaminantes. Para hacer frente a estos últimos, los fabricantes de productos farmacéuticos y cosméticos sufragarán al menos el 80% de los costes adicionales de tratamiento en virtud del principio de "quien contamina paga". Además, la Directiva fija para 2045 el objetivo de neutralidad energética que exige que las grandes plantas de tratamiento generen energía renovable para compensar las emisiones y apoyar los objetivos climáticos de la UE.
- En 2023, el Reglamento europeo sobre reutilización del agua estableció requisitos mínimos de calidad para aguas residuales urbanas tratadas en el riego agrícola. Asimismo, definió estándares armonizados de control, incluyendo la frecuencia de análisis para cada parámetro de calidad del agua, así como requisitos específicos para la validación del control. El reglamento también incorporó disposiciones sobre gestión de riesgos orientadas a identificar y mitigar posibles impactos en la salud humana y animal, así como riesgos ambientales. También estableció las condiciones de autorización para producir y suministrar agua regenerada y promovió la transparencia mediante la obligación de divulgar información sobre

los proyectos de reutilización del agua. Aunque esta nueva resolución fue bien acogida por los Estados miembro, en algunos países de la UE su implementación se ve limitada por regulaciones nacionales más estrictas que las comunitarias.

- En 2023 se llevó a cabo una evaluación de la Directiva de 1986 sobre lodos de depuradora, esto como parte del Plan de Acción Europeo de Economía Circular. La evaluación mostró que los niveles de metales pesados en los lodos han disminuido significativamente y que muchos Estados miembro van más allá de las normas de la Directiva. Aunque se considera que la Directiva sigue siendo pertinente, podría enfocarse más en la lista de contaminantes y su riesgo.
- La Comisión Europea también está desarrollando un Plan de Acción para la Gestión Integrada de Nutrientes con el fin de contribuir a cumplir los objetivos del Pacto Verde de la UE. En particular busca lograr una reducción de al menos el 50% en las pérdidas de nutrientes y del 20% en el uso de fertilizantes para el año 2030 en Europa.

Por último, las plantas de tratamiento de aguas residuales, el gas y el biogás se identifican en la Directiva como energía procedente de fuentes renovables y fomenta su producción y utilización. Esta establece un ambicioso proyecto de energía renovable de al menos el 42.5% para 2030, con el objetivo de alcanzar el 45%. Además, pretende potenciar la recuperación de energía y nutrientes en las plantas de tratamiento de aguas residuales, reconociendo su importante consumo energético, estimado en 24 747 GWh al año, equivalente a cerca del 0.8% de la generación total de electricidad de la UE. En concreto, las plantas pequeñas representan el 42% del consumo de energía en el tratamiento de aguas residuales, mientras que las grandes utilizan el 58%. Los costes energéticos pueden representar una parte sustancial, entre el 25% y el 56% de los gastos de funcionamiento y mantenimiento de una planta de tratamiento de aguas residuales.

Fuente: Comisión Europea (2022), Nutrients - action plan for better management, https://ec.europa.eu/info/law/better-regulation/have-your-say/initiatives/12899-Nutrients-action-plan-for-better-management/public-consultation_en; Comisión Europea (2023), Renewable Energy Directive, https://energy.ec.europa.eu/topics/renewable-energy/renewable-energy-directive-targets-and-rules/renewable-energy-directive_en; Centro Común de Investigación (2019), Water Energy Nexus in Europe; Council of the European Union (2024), Urban wastewater: Council adopts new rules for more efficient treatment, https://www.consilium.europa.eu/en/press/press-releases/2024/11/05/urban-wastewater-council-adopts-new-rules-for-more-efficient-treatment/.

Acción 2. Integrar criterios circulares en la contratación pública de subproductos

Un aspecto que podría ayudar a los países de América Latina a crear un mercado para los productos de la economía circular del agua (agua limpia, energía y subproductos) es el hecho de incluir en la contratación pública requisitos de reducción, reutilización y reciclaje del agua, así como de recuperación de energía y materiales. Otro podría ser el fomentar la adopción de modelos de negocio circulares y promover la incorporación de materiales secundarios a los flujos de materiales. Por ejemplo, la contratación pública puede incluir criterios para dar prioridad al compost elaborado a partir de lodos para enriquecer la salud del suelo en los parques públicos, o invertir en biogás para alimentar las flotas de transporte público. En 2017, el informe “Circular Public Procurement in the Nordic Countries”, realizado por el Consejo Nórdico de Ministros, exploró el potencial para promover la economía circular y fomentar nuevas oportunidades de negocio a través de la contratación pública y las inversiones, con especial atención al tratamiento de aguas residuales. En Finlandia, la región de Helsinki y las ciudades de Porvoo y Vaasa son un ejemplo de esto (Recuadro 3.2).

Recuadro 3.2 Fomento de modelos empresariales circulares mediante la contratación pública en Finlandia

En 2014, la ciudad de Porvoo inició un proceso de contratación para mejorar el reciclaje y la reutilización del fósforo y el nitrógeno en el tratamiento de residuos biológicos y lodos de plantas de tratamiento de aguas residuales. Era la primera vez en Finlandia que el reciclaje de nutrientes se integraba en un proceso de contratación, participaron tanto plantas de tratamiento como instalaciones de gestión de biorresiduos. Entre los criterios se incluía que un mínimo del 80% del nitrógeno entregado se utilizara como fertilizante o químico industrial, y que sólo el 20% terminara en la planta local de tratamiento.

En el mismo año, la ciudad de Vaasa contrató una flota de 12 autobuses diseñados para funcionar exclusivamente con biogás procedente de residuos orgánicos y lodos procesados en las instalaciones de tratamiento locales. El contrato incorporaba cláusulas de rendimiento que ofrecían un descuento al proveedor por superar la eficiencia de consumo anual estimada y un reembolso por rendimiento inferior, incentivando así un servicio sostenido y fiable. Esta adquisición no sólo desplaza 280 000 litros de gasóleo al año, sino que también establece una vía circular para los subproductos de residuos locales, al tiempo que facilita la ampliación de la infraestructura para dar cabida a vehículos alimentados por biogás, beneficiando a otros 1 000 coches.

En 2016, la región de Helsinki realizó pruebas piloto de tecnologías de tratamiento de aguas residuales. El objetivo era evaluar métodos innovadores para tratar y utilizar lodos de plantas de tratamiento digeridos y biomasa en el centro de tratamiento de residuos de Espoo. A través de un estudio de mercado se buscaban propuestas que describieran el producto final, el potencial de mercado y los costes operativos con flexibilidad para la colaboración entre múltiples partes. La contratación final se realizó entre 2017 y 2018. Además, la ciudad de Helsinki ofrece actualmente a sus proveedores oportunidades para desarrollar y poner a prueba productos y servicios en el ámbito de la economía circular en el sitio web Testbed Helsinki, destinado a empresas y operadores de investigación, desarrollo e innovación.

Fuente: Consejo Nórdico de Ministros (2017), Circular Public Procurement in the Nordic Countries, disponible en https://norden.diva-portal.org/smash/get/diva2:1092366/FULLTEXT01.pdf; Unión Europea (2017), Public procurement for a circular economy. Buenas prácticas y orientaciones; Ciudad de Helsinki (s.f.), Testbed Helsinki, disponible en https://testbed.hel.fi/.

Acción 3. Fomentar la experimentación a través de la innovación normativa

Los países de América Latina pueden desarrollar marcos regulatorios que promuevan la innovación dentro de la economía circular del agua fomentando la experimentación controlada y segura. Fomentar la innovación normativa es fundamental para desarrollar soluciones más rentables y eficientes en el uso de los recursos, que puedan reducir significativamente el consumo de agua y los costes de tratamiento a largo plazo. Los *sandboxes* normativos pueden facilitar el desarrollo de proyectos piloto experimentales a pequeña escala, gestionando al mismo tiempo los riesgos de forma eficaz. Si estos son exitosos, pueden escalarse con reformas legislativas y reglamentarias ya probadas (Recuadro 3.3). Esto reduce el tiempo y el coste de la comercialización de ideas innovadoras asegurando la protección del consumidor y el cumplimiento con los estándares de calidad. Sin embargo, la aplicación a corto plazo de estos *sandboxes* normativos puede comprometer el ímpetu inversor debido a la falta de tiempo suficiente para recuperar el capital. Por ejemplo, Francia estableció en 2022 un procedimiento de autorización para nuevos usos de las aguas residuales tratadas, ofreciendo un entorno de pruebas regulatorio para experimentar con formas innovadoras de reutilización de las aguas residuales dentro de un plazo máximo de cinco años.

Recuadro 3.3 ¿Cómo funcionan los *sandboxes*?

Este término hace referencia a instrumentos de política que permiten la experimentación en vivo, a pequeña escala, de innovaciones dentro de un entorno controlado que simula las condiciones del mercado. Suelen emplearse cuando la tecnología emergente es potencialmente perturbadora y permiten probar tecnologías y modelos empresariales que no se ajustan plenamente a la normativa al suspender temporalmente disposiciones o requisitos obligatorios. Esto significa que los participantes no están obligados a seguir todos los requisitos reglamentarios que se aplicarían normalmente fuera del *sandbox* en el mercado regulado. A cambio de esto, se exige a los participantes que incorporen lo necesario para aislar al mercado de riesgos. Esto ofrece a los participantes un espacio seguro para experimentar sin correr el riesgo de ser sancionados por incumplimiento, al tiempo que reduce las preocupaciones de responsabilidad. Otro aspecto clave de los *sandboxes* es el establecimiento de mecanismos de retroalimentación que permiten reunir pruebas de las posibles necesidades de cambio en el marco regulador existente, para facilitar la creación de más productos o modelos de negocio. Como tal, los *sandboxes* conllevan un "interés por el descubrimiento regulatorio".

Fuente: Ministerio Federal de Economía y Energía, Alemania (2019), Regulatory sandboxes: experimental areas for new energy technologies, https://www.bmwk-energiewende.de/EWD/Redaktion/EN/Newsletter/2019/07/Meldung/topthema.html; Zetzsche et al. (2017), From FinTech to TechFin: The Regulatory Challenges of Data-Driven Finance, doi: 10.2139/ssrn.2959925.

Acción 4. Adoptar un enfoque sistémico

Los países de América Latina necesitan mejorar de forma significativa la coordinación de políticas públicas entre los diferentes sectores estableciendo mecanismos que aborden objetivos comunes y eviten conflictos. Más allá del sector de agua existen ejemplos internacionales de impulso de iniciativas más amplias de economía circular (por ejemplo en Melbourne, Australia, también en la ciudad de Oulu en Finlandia, y en Toronto, Canadá) (OCDE, 2020[1]). Toronto creó un Grupo de Trabajo Interdivisional de Economía Circular compuesto por 11 divisiones[1] incluyendo Agua de Toronto como la división municipal a cargo del agua y el saneamiento. Su mandato es proporcionar información, ideas y comentarios durante el desarrollo de las iniciativas de economía circular de la ciudad. La convocatoria de estos grupos interdivisionales ayuda a la ciudad a identificar las compensaciones sectoriales a medida que avanza en la aplicación de la economía circular.

Herramientas financieras y económicas para modelos empresariales innovadores

Acción 5. Evaluar y reducir las necesidades de inversión

Los países de América Latina deben adoptar un enfoque estratégico para evaluar y reducir las necesidades de inversión en el sector del agua. Es importante que antes de recurrir a la costosa expansión de infraestructura, se prioricen medidas rentables como la reducción del agua no facturada (ANF) abordando las fugas de agua, los medidores obsoletos o inexactos, y la presión excesiva. Muchas empresas de servicios públicos en países de ingresos bajos y medios pierden un tercio del agua que extraen, tratan y distribuyen, lo que resulta en ineficiencias financieras y operativas significativas. Al dar prioridad a los sistemas de agua existentes y alinearse con los principios de la economía circular, los países pueden lograr mejores retornos de inversión. La gestión efectiva del ANF puede ayudar a retrasar o incluso eliminar la necesidad de proyectos costosos como las plantas desalinizadoras, asegurando que los recursos se dirijan hacia inversiones sostenibles y de alto impacto.

Bahamas demuestra los beneficios financieros y operativos de empezar por el ANF. En New Providence, la Corporación de Agua y Alcantarillado implementó un contrato basado en el desempeño[2], lo que llevó a reducciones significativas en el ANF y a una mejora en el rendimiento financiero (BID, 2018[2]). De manera similar, Israel ha hecho de la reducción del ANF un componente central de su estrategia de gestión del agua, logrando pérdidas inferiores al 5% en algunas áreas (EPA, 2023[3]).

Acción 6. Aplicar un enfoque de ciclo de vida a las inversiones

La aplicación de un Análisis del Ciclo de Vida (ACV) para informar la toma de decisiones asegura inversiones basadas en datos, ofrece retornos inmediatos y de largo plazo, y camina hacia una economía circular del agua. Al adoptar el ACV en las inversiones en plantas de tratamiento se pueden reducir significativamente los costes de operación y mantenimiento (O&M) y, al mismo tiempo, desbloquear oportunidades económicas y reducir los impactos ambientales. Esto implica evaluar los beneficios a largo plazo, las externalidades ambientales y de innovación, así como el potencial de generación de ingresos de la infraestructura de tratamiento de aguas residuales mediante la incorporación de principios de economía circular del agua. Las plantas convencionales de tratamiento de aguas residuales, diseñadas tradicionalmente para cumplir las normas de vertido, pueden evolucionar hacia sistemas autosuficientes integrando tecnologías de recuperación de energía, extracción de nutrientes y reciclado del agua. Al analizar el potencial energético y los periodos de retorno de inversión en escenarios como la autosuficiencia energética o la venta de biogás, las plantas pueden reducir las emisiones, disminuir la dependencia de las subvenciones y crear fuentes de ingresos. Entre los mecanismos concretos para lograrlo se incluye la recuperación de biogás para la generación de energía como ha demostrado Anglian Water en Inglaterra, donde los centros de tratamiento de lodos generan energía renovable para uso in situ y exportan el excedente a las redes eléctricas (Anglian Water, 2023[4]). También la recuperación de nutrientes de los lodos para uso agrícola añade más valor. A escala internacional, los sistemas de créditos de carbono, como el programa australiano Carbon Credit Unit, recompensan los proyectos de aguas residuales que reducen las emisiones de metano o producen energía renovable. Estas prácticas ejemplifican cómo pueden compensarse los costes de O&M al tiempo que se promueve la sostenibilidad medioambiental (Recuadro 3.4).

Recuadro 3.4 Créditos de carbono procedentes de proyectos de tratamiento de aguas residuales en Australia

En Australia, la Unidad Australiana de Créditos de Carbono (ACCU) apoya proyectos destinados a evitar la emisión de GEI o a capturar y secuestrar carbono de la atmósfera. Fue creada en 2015 en virtud de la Ley de Créditos de Carbono (Iniciativa de Cultivo de Carbono) de 2011 y está supervisada por el Regulador de Energía Limpia, una autoridad legal independiente responsable de administrar ACCU, garantizar el cumplimiento de los proyectos y gestionar los contratos gubernamentales de reducción de carbono.

Los proyectos que se apoyan incluyen el tratamiento de las aguas residuales subvencionables para evitar las emisiones de metano que, de otro modo, se producirían en las lagunas anaeróbicas abiertas y profundas, y la mejora del biogás subvencionable procedente del tratamiento de las aguas residuales para producir biometano. El biometano se utiliza después como sustituto del gas natural, contribuyendo así a los esfuerzos globales de reducción de las emisiones de carbono.

Dentro de lo que los proyectos pueden incluir se encuentra la adopción de nuevas tecnologías, la modernización de equipos, la mejora de las prácticas agrícolas o empresariales, y una gestión más eficaz de la vegetación para almacenar más carbono.

Los participantes en estos proyectos obtienen ACCU en función de la cantidad de emisiones equivalentes de dióxido de carbono (tCO2e) que almacenan o evitan. Las ACCU pueden venderse a compradores del sector privado y a entidades gubernamentales para generar ingresos. El gobierno australiano adquiere ACCU a través de contratos de reducción de las emisiones de carbono, incluido el Fondo Powering the Regions.

Fuente: DCCEEW (s.f.) Australian Carbon Credit Unit (ACCU) Scheme, disponible en: https://www.dcceew.gov.au/climate-change/emissions-reduction/emissions-reduction-fund#toc_1.

Acción 7. Diversificar las fuentes de financiamiento

Es muy importante que los países encuestados vean la manera de diversificar las fuentes de financiamiento más allá de los fondos públicos. Esto contempla que el sector privado se enfoque en acceder al capital económico necesario y se adquieran las habilidades técnicas para la transición. Se puede ver en la región que el sector privado aportó el 78% de la inversión total en 2019 (por debajo de la media de la OCDE del 84%), y solo el 0.2% de la financiación privada en 2018 se destinó a infraestructuras de agua y saneamiento (OCDE et al., 2023[5]). La financiación combinada puede ser un instrumento eficaz para reducir la brecha financiera en agua y saneamiento. Sin embargo, esto requiere fortalecer la transparencia y el entorno propicio alrededor del financiamiento en general, y en agua y saneamiento en particular (OCDE, 2019[6]). Según la Red de Integridad del Agua y el BID, la corrupción, la mala gestión y otros fallos de integridad representan hasta el 26% de las inversiones malgastadas en el sector del agua, lo que contribuye al déficit financiero (Water Integrity Network, 2024[7]). Aumentar la transparencia reducirá la incertidumbre sobre los riesgos y las oportunidades de inversión ayudando a que las inversiones en agua y saneamiento sean más atractivas para el sector privado. Mediante acuerdos contractuales adecuados o una combinación de instrumentos y mecanismos financieros, resulta factible mitigar diversos riesgos. Los riesgos restantes pueden compartirse con el sector público con co-inversores comerciales o, alternativamente, un financiador que opte por asumir un nivel específico de riesgo en su propio balance. Sin embargo, para que una evaluación de este tipo tenga sentido, los riesgos vinculados a una inversión deben ser transparentes y cuantificables. La financiación combinada por sí sola no puede compensar el impacto de un contexto propicio desfavorable que puede incluir marcos políticos y estructuras institucionales inadecuados. Por el contrario, debe complementarse con esfuerzos para establecer un entorno político estable y favorable. Un contexto poco propicio, caracterizado por una normativa mal diseñada o inexistente, parámetros políticos (como los precios y las tarifas del agua) y mecanismos institucionales, puede obstaculizar las inversiones comerciales.

Acción 8. Colaborar con los bancos regionales para cerrar las brechas de infraestructura y fomentar la innovación y la investigación

Los bancos multilaterales de desarrollo (BMD) desempeñan un papel clave en el cierre de las brechas de infraestructura y en la promoción de innovación e investigación. A través del abordaje de obstáculos regulatorios y financieros en el marco de sus estrategias nacionales, y mediante el establecimiento de incentivos que fortalezcan los marcos políticos e institucionales, los BMD pueden contribuir a crear un entorno más favorable para la atracción y viabilidad de inversiones. El desarrollo de políticas públicas y normativas que apoyen las iniciativas de economía circular es una forma de avanzar. Lo anterior está en consonancia con la misión del BID de "fomentar un progreso social y económico transformador al tiempo que se combate activamente el cambio climático" (BID, 2023[8]). Esto implica centrarse de forma más destacada en proyectos que generen impactos sociales y medioambientales en los países de América Latina, más allá del desempeño de cada país.

Acción 9. Asignar recursos financieros para la innovación relacionada con las prácticas de economía circular

Los países de América Latina deben explorar diversas herramientas de financiación como medio para canalizar recursos destinados a fomentar la innovación. Por ejemplo, en algunos países, los reguladores del agua han creado fondos específicos para apoyar la innovación, incluido todo lo relacionado con las prácticas de economía circular del agua. Este es el caso de Irlanda (Recuadro 3.5), donde la Comisión de Regulación de los Servicios Públicos, en su Plan de Tarifas de Agua de 2014, ejerció su facultad discrecional para permitir que Irish Water realizara un gasto de 2 millones de euros durante el próximo período de revisión a través de un fondo de innovación[3]. El objetivo de este fondo era animar a Irish Water a invertir en proyectos de investigación e innovación para "explorar avances tecnológicos y otras innovaciones en ámbitos como la participación efectiva de los clientes, la reducción del consumo energético, los procesos de tratamiento, la rehabilitación de infraestructuras, una mayor comprensión de los comportamientos de los clientes, la adaptación al cambio climático y el cumplimiento de la normativa medioambiental, lo que, en última instancia, podría beneficiar a los clientes"[4].

Recuadro 3.5 Fomentar la innovación mediante la financiación: el caso de Irlanda

Irish Water presentó propuestas a la Comisión de Regulación de la Energía (CRU) antes de incurrir en gastos, demostrando que la inversión cumplía con los criterios de cualificación. Estas debían contar con una probabilidad razonable de generar beneficios concretos y tangibles para los clientes, y los beneficios esperados de la inversión deberían justificar sus costos. Las propuestas perseguían al menos uno de los siguientes objetivos: la prestación de servicios de agua seguros y fiables, una mayor comprensión de los comportamientos de los clientes, sus motivaciones y una participación efectiva de los clientes, un mayor ahorro de energía en la prestación de servicios de agua, la consecución de las normas medioambientales pertinentes y los objetivos de la Directiva Marco del Agua, la mitigación de los efectos negativos del cambio climático, la prestación de servicios de agua de manera económica y eficiente, y una mejor conservación de los recursos hídricos.

Además de exigir a Irish Water que solicite la aprobación previa de los gastos del fondo de innovación, también se han establecido requisitos de información para medir los resultados de estos proyectos y compararlos con los beneficios esperados. En noviembre de 2021, la CRU había aprobado 10 proyectos.[5]

Fuente: CRU (2020), Water Services Innovation Fund Annual Report 2020, CRU21121-Water-Services-Innovation-Fund-Annual-Report-2020.pdf (divio-media.com).

Acción 10. Incentivar el uso de los materiales y la energía regenerados mediante mecanismos económicos

Resulta indispensable el aprovechamiento de instrumentos económicos para incentivar la recirculación de los subproductos generados en el tratamiento de aguas residuales (agua limpia, biocomponentes y energía). Se debe priorizar que la compra de estos subproductos sea comercialmente ventajosa frente a sus alternativas en la economía lineal (agua extractiva, fertilizantes químicos y energía no renovable). Los descuentos fiscales, los impuestos medioambientales o las tarifas diferenciadas pueden servir como herramientas para fomentar o desincentivar comportamientos de mercado específicos. Por ejemplo, ofrecer descuentos fiscales a las industrias que utilicen agua regenerada o materiales reciclados en sus procesos de producción puede estimular la demanda y reducir el consumo total de agua y la generación de residuos. Del mismo modo, la imposición de tasas medioambientales a las industrias que contaminen en exceso o generen aguas residuales puede motivar la adopción de métodos de producción más limpios y fomentar la inversión en tecnologías eficientes. Además, la aplicación de tarifas diferenciadas por el uso del agua en función del grado de tratamiento y reutilización puede promover una asignación eficiente de los recursos y animar a las industrias a invertir en tecnologías avanzadas de tratamiento de aguas residuales. Los incentivos pueden ser útiles para desarrollar mercados en torno a los subproductos recuperados. Los ajustes en los precios de las aguas residuales tratadas, los biosólidos recuperados o la energía generada, así como las exenciones del IVA, pueden incentivar también a las empresas y usuarios a reutilizar. Además, los sistemas de RAP pueden ayudar a desarrollar programas de reutilización de materiales o estimular la innovación.

Recuadro 3.6 Incentivos para impulsar la neutralidad energética

En 2018, el regulador italiano ARERA introdujo medidas innovadoras y multisectoriales destinadas a la eficiencia energética, la reducción del uso de plásticos, la recuperación de energía y materias primas, así como la reutilización de aguas residuales. Las medidas contempladas incluyen la instalación de arrancadores suaves e inversores, la gestión eficiente de la presión y el uso de dispositivos de recuperación de energía, todo ello orientado a optimizar la eficiencia energética. Asimismo, se incorporarán fuentes de alta calidad y se fomentará el consumo de agua del grifo como alternativa al agua embotellada para reducir el uso de plásticos. Paralelamente, se implementará la producción de biogás a partir de lodos, se instalarán minicentrales hidroeléctricas y se recuperarán biopolímeros, estruvita y fósforo presentes en los lodos, tanto para la generación de energía como para la valorización de materias primas. Finalmente, el agua regenerada se reutilizará para el riego o usos industriales, incluyendo su reaprovechamiento dentro de la planta para procesos técnicos en el tratamiento de aguas residuales.

Los operadores no están obligados a aplicar estas medidas, ya que ARERA no las considera parte de las normas obligatorias de los servicios de agua y saneamiento. Sin embargo, estas medidas se incentivan a través de un mecanismo de distribución de ingresos.

Los costos ambientales y de recursos comprenden tanto componentes operativos como de inversión, y se consideran herramientas clave para fomentar la sostenibilidad y fortalecer la resiliencia. Concretamente, algunos componentes operativos de los costos medioambientales se utilizan para reflejar y cubrir los gastos destinados a las operaciones de telecontrol dirigidas a reducir o prevenir las pérdidas de agua. Desde 2016, ARERA introdujo 6 macro indicadores de rendimiento con objetivos regulatorios diferenciados en función de la eficiencia del operador. Si el operador no logra la mejora esperada y, por tanto, reducir las pérdidas de agua, recibe una penalización.

Fuente: Bardelli, L. (2023), Informe sobre los servicios de agua y gestión de residuos, https://www.arera.it/fileadmin/allegati/eventi/230412analistiAmbiente.pdf.

Participación de las partes interesadas y desarrollo de capacidades

Acción 11. Sensibilizar y promover la participación de las partes interesadas

Para garantizar que las comunidades comprendan los beneficios de la economía circular del agua y participen en los procesos de elaboración y aplicación de políticas resulta relevante que los países se esfuercen en comunicar de manera efectiva. No es menor que una comunidad se preocupe cuando aumenta la probabilidad de contacto con el agua reciclada. Por ejemplo, el uso de agua reciclada para el riego urbano o agrícola tiene altos niveles de aceptación (Po et al., 2005[9]), mientras que el contacto más cercano como el consumo de agua reciclada tiene niveles más bajos de apoyo (Fielding, Dolnicar and Schultz, 2018[10]). Todo lo relacionado a utilizar agua reciclada como potable tiende a polarizar las opiniones, por lo que deben aplicarse mecanismos de comunicación que incluyan campañas, sitios web, plataformas y eventos para el intercambio de conocimientos y prácticas, conferencias, etc.

Acción 12. Garantizar la competencia de los responsables de la toma de decisiones y los profesionales

La capacitación tanto en el sector público como en el privado sin duda mejora la competencia y los conocimientos en el sector del agua, el objetivo es llegar a una comprensión más profunda de los principios de la gestión circular del agua. Por ejemplo, se debe asegurar que los responsables políticos cuenten con herramientas y conocimientos necesarios para desarrollar y aplicar políticas que promuevan prácticas de agua circular. Los profesionales del sector del agua, como ingenieros y técnicos, podrían beneficiarse de programas de formación práctica diseñados específicamente para mejorar sus conocimientos técnicos, abarcando temas prácticos como el diseño y el funcionamiento de sistemas descentralizados de tratamiento de aguas residuales.

Acción 13. Reforzar la transparencia y la rendición de cuentas de los sistemas circulares de agua y de los datos correspondientes

Para fomentar la confianza y el compromiso, los países de América Latina deben hacer un esfuerzo por reforzar la transparencia en la gestión y el tratamiento del agua. Resulta necesario realizar un seguimiento de los datos que vaya más allá de la simple cobertura del agua y el saneamiento, se requiere incluir indicadores relacionados con la reducción, la reutilización y el reciclaje del agua, y la recuperación de materiales y energía. Indicadores como el ANC, el ahorro de agua derivado de la aplicación de técnicas y tecnologías de conservación, el volumen de aguas residuales tratadas reutilizadas, el volumen de lodos recuperados utilizados como fertilizantes y el ahorro de energía derivado de la recuperación durante el tratamiento, son solo algunos que pueden hacer diferencia en una rendición de cuentas transparente. El seguimiento regular de estos indicadores puede ayudar a garantizar una utilización eficiente de los fondos y a calibrar el impacto de las iniciativas circulares del agua. Los organismos reguladores de varios países ya han establecido indicadores clave de rendimiento centrados en las pérdidas de agua, el agua y la eficiencia energética (Recuadro 3.7).

Recuadro 3.7 KPI reglamentarios dedicados a la reducción de las pérdidas de agua y a la neutralidad energética

En un informe del 2023, la Asociación de Reguladores Europeos del Agua (WAREG) evaluó los indicadores utilizados por los reguladores para evaluar el rendimiento de los servicios públicos. El informe señala que 18 miembros de WAREG (Albania, Azores, Bruselas, Bulgaria, Estonia, Flandes, Georgia, Grecia, Hungría, Irlanda, Italia, Kosovo, Letonia, Malta, Montenegro, Macedonia del Norte, Portugal y Rumanía) están utilizando indicadores clave de rendimiento para supervisar y evaluar las pérdidas de agua (ANC) (Tabla 3.1).

Los datos del informe muestran que los reguladores utilizan ampliamente el ANC para controlar y evaluar, ya sea expresado en porcentaje (11 reguladores), en volumen por km lineal y día (6 reguladores) o en litros por conexión y día (2 reguladores). Las pérdidas reales también suelen ser objeto de seguimiento por parte de 5 reguladores, mientras que otros 3 utilizan un índice de fugas de infraestructura.

Tabla 3.1 KPI reglamentarios en WAREG

PAÍS	No	KPI NOMBRE	KPI UNIDAD
Albania	1	ANC	%
Azores	13	ANC	%
Bruselas	7	DW-Loss02: Índice de fuga de infraestructuras (ILI)	#
Bruselas	8	DW-Loss03: Pérdidas reales en conexiones	1/ 1000 conexiones
Bulgaria	6	PK4a: Pérdidas de agua	m3/km/d
Bulgaria	7	PK4b: Pérdidas de agua	%
Estonia	1	Pérdidas de agua	%
Flandes	3	Pérdida de agua/rama/día	Litro
Flandes	4	Índice de fuga de infraestructuras (ILI)	Factor
Georgia	9	Índice de fuga de infraestructuras (ILI)	Ratio
Grecia	6	Pérdida de agua	m3
Hungría	5	Pérdida de agua	m3/km/día
Hungría	6	ANC	%
Irlanda	11	Fugas	0
Irlanda	43	Reducción de fugas	ML/día
Italia	1	Pérdida de agua por km (M1a)	mc/km/día
Italia	2	Índice de fugas (M1b)	%
Kosovo	5	NRW	%
Letonia	1	Pérdida de agua	%
Letonia	2	Pérdida de agua	m3/km/año
Malta	4	Fuga estimada	1/prop/día
Malta	5	Fuga estimada	m3/km/día
Malta	9	Agua no contabilizada (ANC)	m3/km/día
Montenegro	4	ANC	%
Macedonia del Norte	3	ANC	%
Macedonia del Norte	4	ANC	m3/km/día
Portugal	9	AA08 -	%
Portugal	16	AA15ab - Pérdidas reales de agua (sistemas a granel y sistemas minoristas con una densidad de conexiones de servicio inferior a 20 conexiones de servicio por km)	m3/ (km. día)
Portugal	17	AA15b - Pérdidas reales de agua (sistemas minoristas)	1/ (día de conexión al servicio)
Rumania	8	ANC	mil mc

Además, algunos reguladores han establecido incentivos para la recuperación de energía a través de indicadores reguladores de referencia (Tabla 3.2).

Tabla 3.2 Indicadores reglamentarios de neutralidad energética utilizados por una muestra de reguladores

Ubicación	Nombre del regulador	Nombre del indicador	Unidad
Bruselas	BRUGEL	Producción de energía in situ en las PTAR urbanas	kWh
Hungría	ERRA	Producción de energía (energía propia)	%
Portugal	ERSAR	Energía autoproducida	%

Fuente: WAREG (2023), Marco de indicadores clave de rendimiento en los países miembros de WAREG.

Referencias

Anglian Water (2023), *2025 – 2050 Bioresources Strategy*, https://www.anglianwater.co.uk/SysSiteAssets/household/about-us/bioresources-strategy-2025---2050.pdf. [4]

BID (2023), *IDB Group Institutional Strategy: Transforming for Scale and Impact*, https://www.iadb.org/en/who-we-are/institutional-strategy. [8]

BID (2018), *Case Study: Performance-based Contract for NRW Reduction and Control New Providence, Bahamas*, https://publications.iadb.org/es/publicacion/12918/case-study-performance-based-contract-nrw-reduction-and-control-new-providence. [2]

EPA (2023), *From Water Stressed to Water Secure: Lessons from Israel's Water Reuse Approach*,, https://www.epa.gov/system/files/documents/2023-04/Action%2011.1%20Closeout_Draft_041723_508%20Compliant.pdf. [3]

Fielding, K., S. Dolnicar and T. Schultz (2018), "Public acceptance of recycled water", *International Journal of Water Resources Development*, Vol. 35/4, pp. 551-586, https://doi.org/10.1080/07900627.2017.1419125. [10]

OCDE (2020), *The Circular Economy in Cities and Regions: Synthesis Report*, OECD Urban Studies, OECD Publishing, Paris, https://doi.org/10.1787/10ac6ae4-en. [1]

OCDE (2019), *Making Blended Finance Work for Water and Sanitation: Unlocking Commercial Finance for SDG 6*, OECD Studies on Water, OECD Publishing, Paris, https://doi.org/10.1787/5efc8950-en. [6]

OCDE et al. (2023), *Latin American Economic Outlook 2023: Investing in Sustainable Development*, OECD Publishing, Paris, https://doi.org/10.1787/8c93ff6e-en. [5]

Po, M. et al. (2005), *Predicting Community Behaviour in Relation to Wastewater Reuse : What drives decisions to accept or reject ? Water for a Healthy Country National Research Flagship*, https://www.researchgate.net/publication/242602980_Predicting_Community_Behaviour_in_Relation_to_Wastewater_Reuse_What_Drives_Decisions_to_Accept_or_Reject. [9]

Water Integrity Network (2024), *Water Integrity Global Outlook 3*, https://www.waterintegritynetwork.net/_files/ugd/3abf8e_7081cf31513f4898bd79656bbb75b4b5.pdf. [7]

Notas

[1] Las 11 divisiones son: Servicios de Gestión de Residuos Sólidos (SWMS); Compras y Gestión de Materiales (PMMD); Urbanismo; Desarrollo Económico y Cultura; División de Medio Ambiente y Clima; Gestión Inmobiliaria Corporativa; Parques, Bosques y Ocio; Servicios de Transporte; Toronto Water; Salud Pública de Toronto; y Servicios de Ingeniería y Construcción.

[2] Los contratos basados en el rendimiento (PBC) son asociaciones público-privadas especializadas que las empresas de servicios públicos utilizan cada vez más para gestionar el agua no facturada. Estos contratos vinculan el pago al rendimiento de los contratistas, lo que les incentiva a cumplir los objetivos de reducción del agua no facturada. Los PBC permiten a las empresas de servicios públicos acceder a conocimientos especializados y equipos, al tiempo que mantienen el control sobre las operaciones y los activos. IWA (s. f.), Contratos basados en el rendimiento para la gestión del agua no facturada; PPIAF (2023), Uso de contratos basados en el rendimiento para reducir el agua no facturada; Banco Mundial (2006), El reto de reducir el agua no facturada en los países en desarrollo; Banco Mundial (2018), El uso de contratos basados en el rendimiento para la reducción del agua no facturada.

[3] Comisión de Regulación Energética (Irlanda), Documento de decisión sobre el plan de tarifas del agua, 8 de octubre de 2014 (CER/14/746)

[4] Comisión de Regulación Energética (Irlanda), Fondo de Innovación para los Servicios de Agua, 10 de abril de 2015 (CER/15/076), p. 2

[5] Comisión de Regulación de los Servicios Públicos (Irlanda), Fondo de Innovación de los Servicios de Agua, Informe Anual 2020, 16 de noviembre de 2021 (CRU/21/121).

Anexo A: Países participantes

Participantes de los países en la Encuesta de la OCDE/BID y en el informe sobre economía circular del agua en América Latina

País	Periodo	Participantes	Cargo/Institución
Argentina	2023-24	José María Regueira	Director Nacional de Agua Potable y Saneamiento, Ministerio de Obras Públicas
	2024-25	Javier Mijangos	Director Nacional de Agua Potable y Saneamiento, Ministerio de Obras Públicas
Brasil	2023-25	Tauana Monteiro	Especialista en Políticas Públicas y Gestión Gubernamental, Agencia Nacional de Agua y Saneamiento (ANA)
Chile	2023-25	Carlos Estévez	Coordinador del Área de Aguas, Ministerio de Obras Públicas
Colombia	2023-25	Claudia Andrea Ramírez	Director de Desarrollo Urbano, Departamento Nacional de Planificación (DNP)
	2023-24	Ricardo Alberto Bula Torres	Director Técnico Adjunto de Agua y Saneamiento, Departamento Nacional de Planificación (DNP)
	2024-25	Natasha Valentina Garzón Yepes	Director Técnico Adjunto de Agua y Saneamiento, Departamento Nacional de Planificación (DNP)
	2024-25	Jefferson David Ladino Malagón	Secretaría Técnica de la OCDE, Departamento Nacional de Planificación (DNP)
	2024-25	Daniel Santiago Higuera	Director de Desarrollo Urbano, Departamento Nacional de Planificación (DNP)
Costa Rica	2023-25	Andrez Lazo	Director, Instituto Costarricense de Acueductos y Alcantarillados (AyA)
Honduras	2023-25	Ricardo Panchamé	Director General del Servicio Nacional Autónomo de Agua y Alcantarillado (SANAA)
	2023-25	Manuel de Jesús Martínez	Director General Adjunto, Servicio Nacional Autónomo de Agua y Alcantarillado (SANAA)
	2023-25	Joan Zelaya	Subsecretario General, Servicio Nacional Autónomo de Agua y Alcantarillado (SANAA)
México	2023-25	Germán Martínez Santoyo	Director, Comisión Nacional del Agua (CONAGUA)
	2023-25	Griselda Medina Laguna	Subgerencia de Gestión y Evaluación de Proyectos con Crédito Externo, CONAGUA
	2024-25	Silvia Pilar Chávez Cereceda	Subgerencia de Gestión y Evaluación de Proyectos con Crédito Externo, CONAGUA
Paraguay	2024-25	Claudia Crosa	Director de Agua y Saneamiento, Ministerio de Obras Públicas y Comunicaciones
Perú	2024-25	Max Carbajal	Director de Políticas y Regulación de Saneamiento, Ministerio de Vivienda, Construcción y Saneamiento
Uruguay	2023-25	Andrea Gamarra	Director de la División de Agua Potable y Saneamiento, Dirección Nacional del Agua (DINAGUA)

www.ingramcontent.com/pod-product-compliance
Lightning Source LLC
LaVergne TN
LVHW082051051026
849532LV00011B/3556